趋势交易的本质

成功投资的策略和理念

(美)雷·巴罗斯(Ray Barros) 著

康 民 译

山西出版传媒集团

山西人民出版社

图书在版编目(CIP)数据

趋势交易的本质：成功投资的策略和理念／(美)雷·巴罗斯著；康民译.—太原：山西人民出版社，2018.9

ISBN 978-7-203-10450-6

Ⅰ.①趋… Ⅱ.①雷… ②康… Ⅲ.①金融投资-研究 Ⅳ.①F830.59

中国版本图书馆CIP数据核字(2018)第124666号
著作权合同登记号　图字:04-2014-042

趋势交易的本质：成功投资的策略和理念

著　　者：(美)雷·巴罗斯
译　　者：康　民
责任编辑：薛正存
复　　审：贺　权
终　　审：秦继华

出 版 者：**山西出版传媒集团·山西人民出版社**
地　　址：太原市建设南路21号
邮　　编：030012
发行营销：0351-4922220　4955996　4956039　4922127(传真)
天猫官网：http://sxrmcbs.tmall.com　电话:0351-4922159
E-mail：sxskcb@163.com　发行部
sxskcb@126.com　总编室
网　　址：www.sxskcb.com

经 销 者：**山西出版传媒集团·山西人民出版社**
承 印 者：三河市京兰印务有限公司

开　　本：710mm×1000mm　1/16
印　　张：16
字　　数：172千字
印　　数：1-5100册
版　　次：2018年9月　第1版
印　　次：2018年9月　第1次印刷
书　　号：978-7-203-10450-6
定　　价：68.00元

“舵手证券图书”开篇序

20世纪末，随着中国证券投资市场的兴起，我们怀揣梦想与激情，开创了“舵手证券图书”品牌，为中国投资者分享最有价值的投资思想与技术。

世界经济风云变幻，资本市场牛熊交替，我们始终秉承“一流作者创一流作品”的方针，与约翰威立、培生教育、麦格劳-希尔、哈里曼、哈珀·柯林斯等世界著名出版机构合作，引进了一批畅销全球的金融投资著作，涵盖了股票、期货、外汇、基金等主要投资领域。

时光荏苒，初心不改，我们将一如既往地与您分享专业而丰富的投资类作品。我们以书会友，与天南海北的读者成为朋友，收获了信任、支持。许许多多投资者成为我们的老师、知己，给予我们真诚的赞许、批评、建议。更有一些资深人士由此成为我们的编辑、翻译、评审，这一切我们感念于心。

我们希望与每位投资者走得更近，希望在“知识领航财富人生”理念指引下，打造综合型投资交易学习社交平台——“舵手汇”（www.duoshou108.com），通过即时动态、视频直播、有声读书、电子图书、在线聊天、知识问答、活动报名、读书会、打赏提现等多项功能，服务会员的读书分享、实战交流以及知识变现。“舵手汇”不定期邀请作者、嘉宾与会员对话，为读者答疑解惑，分享最新交易技术与理念。在这里，您可以与华尔街投资大师亲密接触；在这里，您可以与全国最聪明的投资者交流切磋；在这里，您可以体验全球最新最全的投资技术课程。这里，必将因为有您而精彩！

把我所有的爱都献给克莉丝汀

她为我带来了所有美好的事物

致 谢

我的感激之情分为 4 个层次。第一个层次的感激之情送给——那些为我创造条件的人们，没有他们为我做出的付出，这本书永远无法问世。

和过去一样，我要特别感谢我的妻子克莉丝汀·关·巴罗斯，在我们 37 年的婚姻生活中，当我在成长的时候，无论有什么样的艰难险阻，你总是忠诚地拥护我。我还要衷心地感谢我的父母罗莎莉欧·巴罗斯和法兰奇·巴罗斯，感谢他们无私地慷慨地养大了 8 个孩子。我真希望父亲还在世，这样他就能看到这本书了。

第二个层次的感激之情要送给所有的老师，包括间接的老师。彼得·史泰米亚的书和研讨会让我走上了成功交易的道路，理查德·威科夫本人和他的作品都对我的交易很有帮助。

我还要特别感谢约瑟夫·哈特，他提出了全点计数和线变计数的思想。

第三个层次的感激之情要送给我所有的学生们，他们都报名学习了我的课程——“成功交易理念”。我在培训他们的时候我自己也学，收益颇丰。

第四个层次的感激之情要送给我的编辑罗宾·弗莱明。在她的辛苦努力下，我的工作轻松了很多。罗宾，谢谢你的所有帮助！

前　言

如今的交易者在交易方面做了很多贡献，老交易者一定会非常喜欢的，我也是。老交易者们都没听说过计算机的强大力量，也没听说过神经学、决策学、心理学和认识学方面的巨大突破。感谢身心语言程序学（或称“神经语言程序学”）的问世，我们可以用这些工具来复制别人的成功。

残酷的现实和我第一次下单一样，即使到现在，成功和失败的比例和过去相比，变化也不大。有证据表明80%—90%的交易者一直在亏钱，有一部分问题来自计算机。计算机的运算能力既是祝福，也是诅咒。祝福是因为我们都能利用计算机统计信息——这样就能更好地管理风险。诅咒则是因为它阻止了交易者研究市场波动下面的原理，还阻止了交易者研究赚钱的“模式”，只是这个“模式”有它的有效期。问题是并没有人告诉计算机新手有这两方面的不同，也没有人解释为什么区分这种不同是很重要的。

什么是“角度”？

彼得·史泰米亚把角度称作是“行为参数”——也就是只有少数人使用的赚钱模式。市场是一个复杂的、能自我调节的系统，当很多交易使用同样的模式时，这个模式就会失效（市场会让你亏钱）。

在提出市场轮廓（译者注：国内很多人把市场轮廓叫做四度空间）理论的早期，有一个行为参数叫“价值区域”规则。这个规则规定，在一个轮回交易日——也就是说，在一个交易日内市场先从最高点到最低点，又从最低点到最高点，这和方向明确的交易日明显不同——市场接受了“价值区域”下面的价格，就有80%的可能性市场会走到相反的方向。

嗯，在某段时期内资金发生了堵塞，但是有消息说……我记得有一天，我在观察澳大利亚十年期债券的时候，我发现了一个模式。当市场跌到“价值区域”以下之后，市场接受了“价值区域”以下的价格，然后市场向相反的方向走去！这就有问题了。没错，原因是市场的交易量太小了，从那天之后这个模式就失效了。

新手的一些特点也是他们失败的原因。交易者认为做交易时可以轻松地成功，直到被市场咬了以后他才明白交易并不轻松。他能看清楚图表，是不是？太简单了！这里是最高价，卖出；这是最低价，买入！外面有很多广告都能帮助他加强这种幻想。没错，他听说很多人都失败了，但是他不相信自己会失败。如果一个新人从来没有学过医学知识，他是不会去给病人做外科手术的；但是他却认为只要自己有钱、有勇气，他就能交易成功，这是很奇怪的事。

交易是一门职业，通向成功的道路既可以说“难走”，又可以说“好走”。因为成功的规则和我们的本性相反，所以难走。因为通向成功的地图已经被画好了，所以好走。

有好的赚钱方法吗？有的，那就是在思考的时候要想到规则。我写作《趋势交易的本质》的目标就是解释对我有用的规则或交易理念，我还要把这些规则和主观交易策略中的元素结合起来。这些元素包括：

- 确认趋势，趋势中的市场是什么样子。一旦你确认了趋势，你就有了策略——要么买入，要么卖出。
- 等你确定了策略，你就要寻找低风险的进场点。5 个元素决定了低风险的进场点：

  区域：对于响应式的交易者来说（在上涨趋势的回撤处买入；在下跌趋势的反弹处卖出的交易者），区域就是支撑区（上涨趋势）或阻力区（下跌趋势），这些区域都包含了市场的修正行为。

  模式：确认某个区域能守住的图表模式。

  进场模式：确认某个区域能守住，并确认趋势是持续的图表模式。

  初始止损：根据时间或价格制定的止损方法。

  风险回报比：资金管理中用到的计算方法，以说明某笔交易有价值。

- 一旦你建仓了，就要关注交易管理——如何带着利润出场。

简而言之，《趋势交易的本质》考虑了这些问题：什么是趋势？趋势会持续下去吗？趋势会改变吗？

有些人不可避免地会问我："既然你是一个如此成功的交易者，你为什么要……"我的答案很直接。每个人都有4个主要的需求：

- 生存：我们都希望能享受生活，我们都希望能享受物质财富。我很幸运，我都享受到了，甚至更多。
- 爱：我们都希望去爱我们最爱的人，也想我们最爱的人会反过来爱我们。我同样很幸运。
- 成长：我的父母在很早的时候就教导我要活到老，学到老，活出真我的风采。我一直在学习，在成长。
- 留下宝贵的财富：虽然我在努力，但是这个目标暂时并没有实现。也许本书和我以后写的书就是我留下来的财富，请大家拭目以待。

《趋势交易的本质》的概要

第1章介绍我的关于交易成功的信念，以及如何实现目标的信念。然后会谈到市场结构模型，会讨论“巴罗斯波动”及其和3个趋势的关系，这3个趋势分别是上涨趋势、下跌趋势和横盘振荡趋势。

第2章讨论趋势的改变。

第3章解释“接受”的思想，还要解释时间周期的功能和影响。

第4章研究衍生指标。

第5章研究进场和交易管理的重要方面。

第6章分析3个品种，并用例子说明本书中的概念。

最后的附录会解释如何画巴罗斯波动，还要解释史泰米亚计算标准偏差的计算方法——这个方法和统计学理论完全不同。

第1章到第5章会用导图来说明章节内容。

最后，还有重要的一点：为了方便你阅读，有些图表和前面的图表是一样的，这样你就不必翻来翻去了。这是一种新的尝试，如果你觉得这个方法有用，请告诉我。

目　录

第1章　定义趋势和确认趋势 …………………………………… 1

介绍 ………………………………………………………………… 1

我的关于交易成功和市场本质之间关系的信念 …………… 2

市场的结构 ……………………………………………………… 7

巴罗斯波动和定义趋势 ……………………………………… 12

总结 ……………………………………………………………… 35

第2章　趋势的改变 …………………………………………… 37

概要 ……………………………………………………………… 37

第一个高级别时间周期内线方向的改变 ………………… 40

缓慢模式 ………………………………………………………… 41

预测模式 ………………………………………………………… 63

三角形变化 ……………………………………………………… 73

三波推动到顶或底模式 ……………………………………… 75

总结 ……………………………………………………………… 77

第 3 章　接受，时间周期的功能和影响 …… 81
接受 …… 82
时间周期的功能和影响 …… 92
总结 …… 95

第 4 章　衍生指标 …… 97
概要 …… 97
可以购买到的工具 …… 99
情绪指标 …… 110
总结 …… 117

第 5 章　进场和交易管理 …… 119
概要 …… 119
进场 …… 122
随后的交易管理：3 之规则 …… 151
总结 …… 155

第 6 章　有效的资金管理和赢家心态 …… 157
概要 …… 157
资金管理 …… 158
赢家心态 …… 172

第 7 章　巴罗斯波动 …… 199
概要 …… 199

分析案例 1 …… 202
13 周时间周期 …… 204
分析案例 2 …… 212
分析案例 3 …… 220
总结 …… 228

附录　雷氏波动的画法 …… 231
一个时期的波动 …… 231
大于一个时期的波动 …… 232
附加规则 …… 233
时期的关系 …… 234
如何手工计算市场轮廓的价值区域 …… 235
为价值图画 K 线 …… 236

译后记 …… 237

第1章　定义趋势和确认趋势

欢迎阅读本书，我写作本书的目的很简单，那就是帮助你实现你的财务目标。但是我必须承认，这个目标不一定会实现，为什么？因为行动力取决于你，而不是我。

故，我们可以达成一个协议：请把这本书作为你的成功手册。你不仅要阅读本书，你还要研究本书，把本书中的理念溶于你的心里，进行更多的实战。我保证你的交易会上升到新的高度。因为我已经走在你的前面了，所以我知道你一定会取得进步的。既然书中的理念对我有用，为什么对你就没用呢？

介绍

现代的学习理论认为，如果我们知道文字的含义，我们的学习效果是最好的。图 1.1 是导图，会向你表明：

- 在本章，我先解释交易成功和市场本质之间的关系，我解释的是我的信念。

- 我们然后深入地研究趋势的结构和趋势的本质。
- 最后，我们看看巴罗斯波动是如何确认趋势的本质和时间周期的。

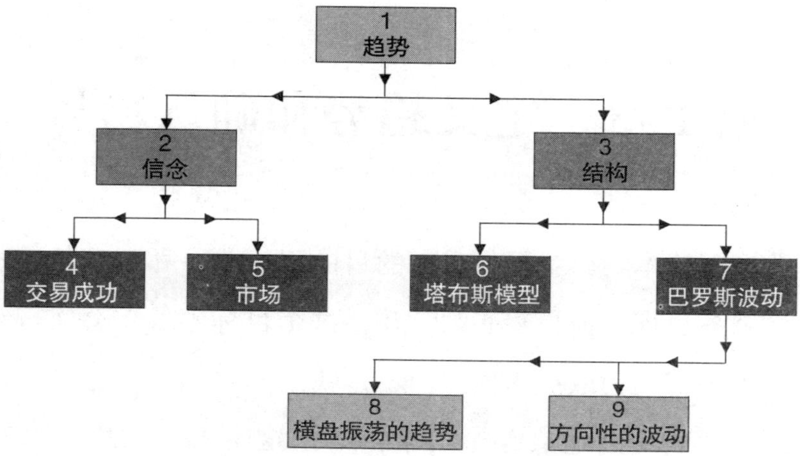

图 1.1　第 1 章的导图

我的关于交易成功和市场本质之间关系的信念

身心语言程序学就是模仿成功的心理学，这个方法能让我们通过复制 3 个元素来模仿成功：

- 信念。
- 陈述。
- 心理策略。

要想了解我的交易方法，关键是要了解这些元素以及它们之间的相互作用。我们会逐一讨论这些概念的。目前，先来看看我的信念——关于交易成功的信念和关于市场的信念。

我的关于交易成功的信念

对于大部分市场玩家来说，交易成功是难以捉摸的。当我在 20 世纪 70 年代末刚开始玩这个游戏的时候，我重点关注的是要拥有正确的策略，然后又重点关注资金管理，最后才重点关注心理。然而，下面的公式会告诉我们，如果要想实现我们的交易目标，这 3 个元素都是很关键的。

赢家心态×有效的资金管理×一个有优势的交易策略=交易成功

这些元素将如何帮助交易者呢？作为交易者，我们的心理状态或我们的心态，可以帮助我们实现持续一致的利润率；我们的资金管理能力可以确定仓位大小和赌注大小；我们的交易策略则会带来优势，并告诉我们何时出现优势。在本书中我不会讨论心态和资金管理，我重点讨论的是交易策略。

就像在丛林中开辟一条道路一样，在市场中就需要有策略。成功的策略很多，成功的个性也很多，重要的是策略和个性要形成一个整体。因为策略要和交易者个性相符合，交易者可以选择基本面方法，也可以选择技术方法。如果是技术方法，我们又要在机械方法和主观方法中间选一个方法。因为它们之间的区别很重要，我们先研究一下这个问题，然后再往下谈。

机械交易方法

机械交易方法有以下特点：

- 机械交易者喜欢寻找"模式"——彼得·史泰米亚则称之为"行为参数"。如果交易的笔数足够多，这些市场模式能赚钱，但是这些模式是有有效期的。我们在下一节会研究具体原因。
- 机械交易方法一般会忽略交易时的具体环境。
- 一般来说，机械交易者所使用的参数不超过3个（有些机械交易者会根据不同的品种优化参数，但是我相信更有活力的策略在不同市场和时间周期内的参数是一样的）。
- 机械交易者在开发策略的时候发挥自己的主观能动性和创造性。一旦他把策略形成了公式，机械交易者就会"看见了交易信号就会去交易"，换句话说，只要交易符合他的策略标准，他就会交易，无论他自己的感觉"多么正确"，他都会执行每笔交易，因为他的策略要求他执行交易，他就会执行每笔交易。

机械交易方法的优势是，我们会持续一致地执行交易，我们不会害怕，也不会充满希望，我们只是执行每笔交易。

主观交易方法

主观交易方法有以下特点：

- 主观交易者一般有一个市场模型，这个模型来自实际，换句话说，他的整体策略有优势。这个优势能反映市场行为，是一套信念，长期交易下来会获利的。
- 主观交易者会根据长期有效的规则或原理建立模型。出名的主观交易者包括：理查德·威科夫、查尔斯·庄曼（P&L 点，译者注：是一种均线）、彼得·史泰米亚（市场轮廓）、乔治·索罗斯（反身性）和约瑟夫·哈特（趋势动力）。这些交易者前后在世的时间恐怕有 100 年了。也许他们的理论和模型会有所不同，但是他们的基本规则是一样的，即使在今天，也是有用的。在所有的模型中，很多规则都会谈到“环境”（译者注：原文是 context）。对主观交易者来说，知道在什么样的环境中会发生什么样的事件，这是超级重要的。比如，DOJI 就代表了一种模式，这种模式指市场是平衡的（在这种图表模式中，开盘价和收盘价几乎是一样的，很多时候 K 线的振幅小于正常的振幅）。（译者注：本书中既会用到 K 线，又会用到竹线，因为它们在本质上是一样的，且中国人惯用 K 线，故在本书中全部翻译成 K 线。）当出现了方向性波动（译者注：后文有解释，就是指上涨或下跌）之后，如果出现了 DOJI，那么也许这是趋势改变的信号，或至少表明市场要出现修正动作。另一方面，如果之前的市场是横盘振荡的，那么后出现的 DOJI 的信号价值不大。主观交易者会思考 DOJI 信号出现的具体环境——对他来说，环境意味着一切。当他看到一个 DOJI 信号时，他会考虑当时的环境，然后他再做出具体的结论。机械交易者在看到DOJI信号的时候，他很少去思考当时的环境，他会直接执行信号。

- 主观交易者不会因为策略要求执行交易就去执行交易。他认为自己对交易的感觉、仓位大小和不同参数的特点都是很重要的。换句话说，主观交易者认为左脑和右脑要协调一致才好。
- 客观交易者的参数不超过3个，主观交易者要考虑的因素则很多。

主观交易方法的优势是它反映了市场的流动性，因此，我们可以相信有能力的主观交易者的回报风险比大于有能力的机械交易者的回报风险比。

以上就是我的关于成功的信念。现在，再来谈谈我的关于市场本质的信念。

我的关于市场本质的信念

艾萨克·牛顿爵士的自然法则被自由市场的理论推翻了，这个理论就是复杂理论——“混沌的概率”取代了“确定性”。本书并不会详细研究复杂理论，我只想解释对市场有用的信条：

- 市场表面上看是随机的，但是背后有顺序。
- 顺序在本质上就是分形——也就是说，从最小的时间周期到最大的时间周期，里面都有相同的模式。
- 我们可以通过大量样本来确定某个事件发生的概率，但是我们无法根据具体的单个事件确定某个事件发生的概率。马克·道格拉斯得出了这个关键的看上去自相矛盾的结论。如果根据每笔交易的具体情况来分析，市场是不确定的，也是无法预测的；但是如果分析大量的样本，就能看出市场是确定的，是可以预测的。

- 复杂系统具有自我学习的能力，这个特点解释了为何机械“模式”是有有效期的。

对于机械交易者和主观交易者来说，以上几项信条说明了非常重要的含义。对于主观交易者来说，这些信条就是开发模型的起点，他们要据此定义关于市场结构的观点。交易结构要和这些理论的基本信条一致。当我一开始建立自己的模型的时候，我并没有听说过混沌理论和复杂理论，但是我的模型是根据这些信条建立的。

我们来看看我使用的结构。这是一个典型的结构，当《塔布斯股市教程》（*Tubbs' Stock Market Correspondence Lessons*，1941 年）出版后，就有人开始使用这个结构了。

市场的结构

塔布斯模型

图 1.2 中的塔布斯模型说明了市场波动的路线，市场从上涨的趋势到下跌的趋势，从下跌的趋势到上涨的趋势，等等。如果要把这些特点内化，变成内心的东西，并让成功的概率对我们有

利，我们就要看看这个模型的关键特点。

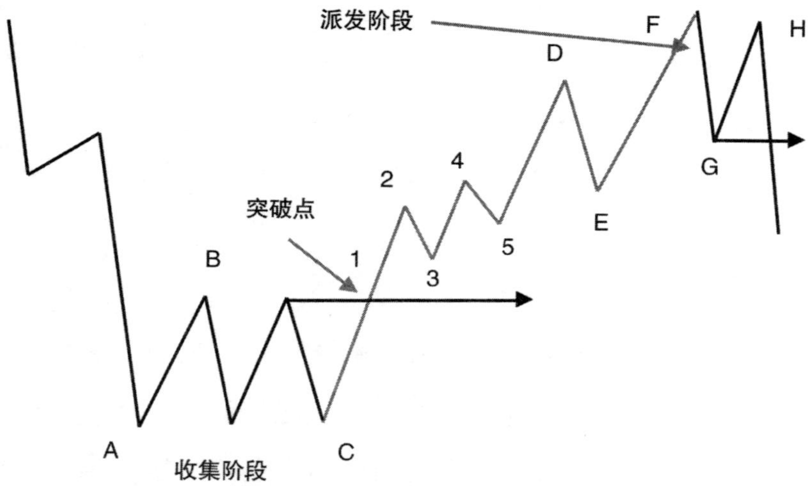

图 1.2　塔布斯模型

在长期的熊市之后，市场有一段时期在收集（筹码）。我在图 1.2 中把这个时期标记为 A、B、C。市场在点 1 向上突破了，第一次确认了新的牛市也许要开始了。在复杂理论中，突破点是分歧点——在点 1，市场要么确认新的牛市趋势，要么再次进入振荡状态。

一旦牛市开始了，我们可以把这个波浪分成 3 个小的结构：上涨波动、下跌波动和横盘振荡（或叫水平波动）。

- 上涨波动比下跌波动的幅度偏大。在上涨趋势中，上涨波动叫做“推动浪”（译者注：原文是 impulse），下跌波动则叫做“修正浪”。在图 1.2 中，浪 2、4、D 和 F 叫推动浪，浪 3、5、E 和 G 则叫修正浪。

- 同理，在熊市中，下跌波动就是“推动浪”，上涨波动则是“修正浪”。
- 如果波动并没有出现新的变化，市场只是围绕着中间价格上下波动，那么这样的波动就叫做横盘振荡，或叫水平波动。在横盘振荡的趋势中，最高价和最低价的数量差不多。

简而言之，上涨趋势的特点是最高价越来越高，最低价越来越高；下跌趋势的特点是最高价越来越低，最低价越来越低。

市场是分形的，这意味着：（1）在所有的时间周期内都能看到相似的模式；（2）时间周期越小，时间周期就越有可能被“意外”影响——也就是说，意外会导致市场短期内出现不平衡；（3）比较大的时间周期能够控制比较小的时间周期，具体如下：

- 在关键的反转点——也就是在比较大的时间周期改变了自己的趋势时，比较大的时间周期能够控制比较小的时间周期。
- 根据下一个比较大的时间周期的本性——也就是说，比较大的时间周期内的趋势会影响比较小的时间周期内的推动浪的大小和修正浪的大小。当我谈到雷氏波动的时候，你就会更加理解这个概念。

这就是时间周期的大小之别。再结合图 1.1 中的视觉导图和我谈到的几点，你就能知道所有市场波动的轮廓。

拥有了这些知识，就能成功吗？并非如此。你还要去做很多重要的事，其中之一就是形成一个交易策略。

主观交易策略会考虑以下元素：

- 趋势：趋势、趋势的改变和目前趋势的状态。
- 低风险的进场点：区域、模式的进场点和初始止损点。
- 交易管理：兑现利润的策略和跟踪止损的方法。

形成交易策略的第一步是定义时间周期内趋势。我使用巴罗斯波动来定义趋势和时间周期。现在谈论这个话题。

定义趋势和趋势改变的模型：巴罗斯波动

巴罗斯波动是一个波动图。波动图表能确认一定级别大小的支撑区和阻力区。有时候是时间决定级别大小——比如，3 个时期的江恩波动图；有时候是价格决定级别大小——比如，亚瑟·梅里尔的过滤波浪（价格百分比波动图）。巴罗斯波动则比较独特，它综合考虑了时间和价格，附录解释了巴罗斯波动。

巴罗斯波动不但帮助我确定了趋势的本质，且确定了趋势的时间周期——也就是说，巴罗斯波动定义了趋势的时间周期，并告诉我趋势何时发生改变。因为顺势交易增加了交易成功的概率，所以我要顺势交易。请这样思考：在开车旅游的时候系上安全带，在事故中生还的概率就会大大增加。同理，当顺势交易时，我的阻力是最小的。这意味着我的优势是比较大的，我赚钱的概率就比较高。

很多时候，新手把运气好和有交易能力混为一谈了：他们因为运气好，正好参与了一个很大的趋势。当趋势继续前进的时候，他们会认为自己是“优秀的交易者”，当他们形成这种习惯的时候，他们会毁了自己的交易生涯。1992 年到 1999 年，纳斯达克一直在上涨，我的一些很要好的朋友们毫不犹豫地买入了。如果市场对他们不利，他们会继续持有，有些人还会加仓。他们认为只有胆小鬼才会考虑交易管理、风险管理和资金管理。无须多说，当市场在 2000 年下跌的时候，他们失去了所有的利润。

要想采用一个低风险的交易方法，第一步就是确认一定时间周期内的趋势，但是说起来容易做起来难，大部分技术派交易者用均线来确认趋势，但是我认为这个工具有问题：当趋势发生修正行为时，均线会认为这是趋势改变了方向。如此一来，当我们应该在上涨的趋势中买入时，均线却在叫我们卖出。

为了克服大部分趋势技术分析工具的缺点，我决定采用波动图。在本章后面，我们会看看巴罗斯波动是如何帮助我们确认趋势的本质和时间周期的。我们会讨论以下内容：

- 用巴罗斯波动去定义趋势；
- 用巴罗斯波动去定义趋势的改变；
- 巴罗斯波动的结构。

巴罗斯波动和定义趋势

面包和奶油，刀和叉……有些单词常常是连在一起说的。在我的思维中，趋势和时间周期应该连在一起说。当有人问我“某某品种的趋势是上涨的，还是下跌的”的时候，我的反应是：“你问的是哪个时间周期内的趋势？”

我们现在开始研究能确认时间周期和趋势的工具。先讨论时间周期。

- 5 天的波动确定了一周的趋势。
- 18 天的波动确定了一个月的趋势。
- 13 周（60 天）的波动确定了一个季度的趋势。
- 12 个月（250）的波动确定了一年的趋势。
- 30 个月的波动确定了 2.5 年的趋势。
- 以此类推。

确定时间周期只是完成了一半的工作，还有另外一半的工作要去做，那就是确定时间周期内的趋势。趋势一共有 3 种类型：

- 横盘振荡。
- 上涨趋势。
- 下跌趋势。

横盘振荡的趋势

横盘振荡的趋势也叫“水平的趋势”，横盘振荡时，最高价和最低价的数量差不多。图 1.3 显示的是一个上涨的趋势，X—A 是最近的推动浪。A、B、C 和 D 形成了横盘振荡的市场，C—D 和 A—B 之间的最高价和最低价是差不多的。这张图显示了横盘振荡趋势的以下特点：

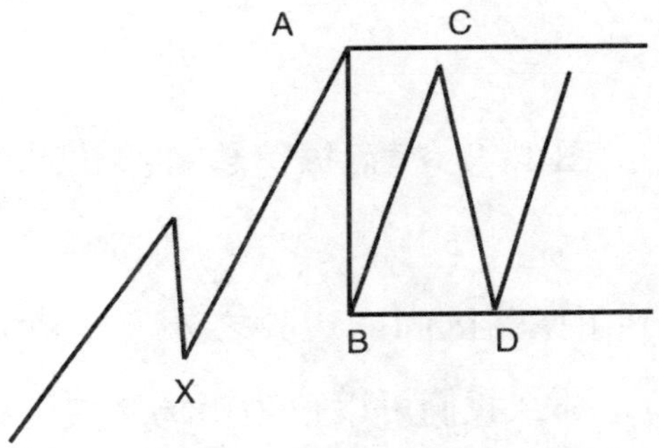

图 1.3　横盘振荡的趋势：Ⅰ

- 边界分明。在图 1.3 中，A 和 B 标记的是边界。
- 市场可能会波动到 A 点之上和 B 点之下，但是只要市场在特定的边界之内并回到了振荡区间（振荡趋势极限价格之内的区域），那么这个模式就是横盘振荡模式。
- 如果市场的回撤（译者注：为了方便，本书中的回撤既指上涨时的回调，也指下跌时的反弹，也可以理解为折回和回吐。）不到 78.6%，那么市场可能会在遇到原来的边界时继续离开这个边界。图 1.4 说明了这个规则：C 原来的边界是 A，C—D 小于 A—B 的 78.6%；同理，E 可能会下跌并跌到 B 点，我画了虚线 E—F 以表明这个思想。

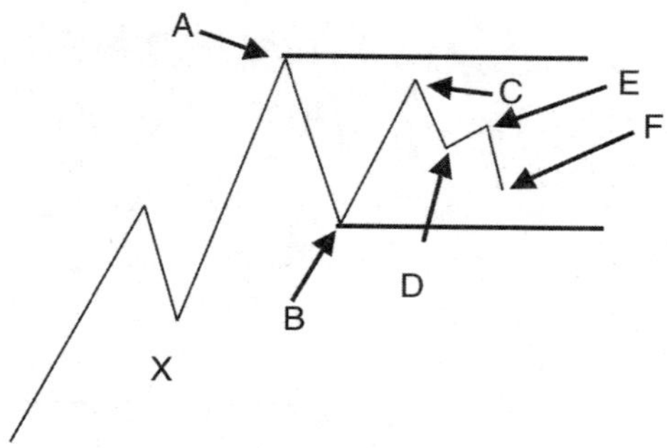

图 1.4 横盘振荡趋势：Ⅱ

如果市场走到了振荡区间的边界之外（也就是横盘振荡趋势的极限价格之外），那么我们可以认为市场又要继续沿着之前的方向性波动前进。很明显，我们需要定义并量化具体的状况，这样才能确认方向性波动又已经开始了，这点很重要。我把这些边界叫做“最大范围”。表 1.5 显示了正常的极限价格（最大范围）。

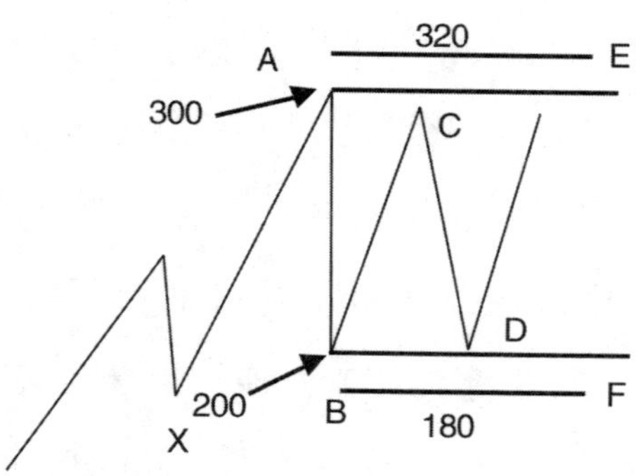

图 1.5 横盘振荡市场的最大范围

计算最大范围的方法之一是，在上涨趋势中，把最高价 A 加上 X—A 的 10%；在下跌趋势中，把最低价 A 减去 X—A 的 10%。还有一个限制条件，那就是 X—A 必须至少等于推动浪均值（也就是至少等于推动浪上涨或下跌幅度的平均值）。否则，我们就把 X 点往比较低的最低价移动，直到 X—A 至少等于推动浪均值。

作为交易者的导师，我发现很多新手不太愿意去计算推动浪均值，他们认为计算是一个“单调乏味”的过程，他们只是简单地“目测”均值。嗯……我只能说这种做法是危险的。关于计算最大范围，我还有另外一个计算方法，这个方法能算出同样的结果。目前，对于两种计算方法的结果，我取比较大的值作为最大范围。如果你很自信地认为振荡区间边界比较准确，你就可以使用第二种方法。

第二个方法比较简单：计算上下边界的 20%。在图 1.5 中，假如说 A—B 是 100 点，A 点的价格是 300，B 点的价格是 200，那么 A—B 的 20%是 20 点。因此，线 E 应该是 320（300+20），线 F 应该是 180（200−20）。

因为市场会超过边界，所以我认为有必要重新标记振荡区间的边界。图 1.6 和 1.7 以及相关文字说明了这个重新标记的过程。

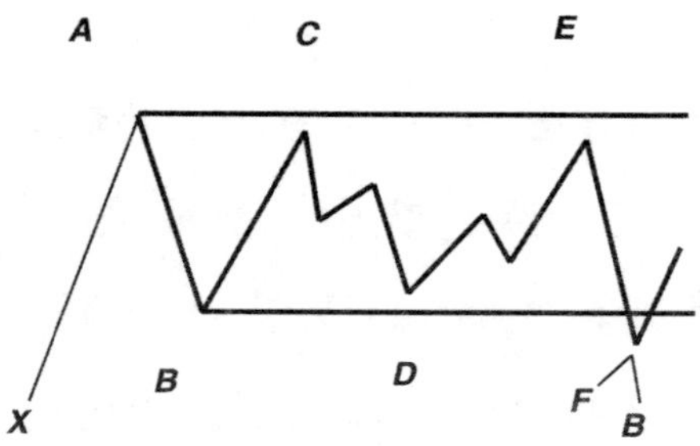

图 1.6　重新标记的过程

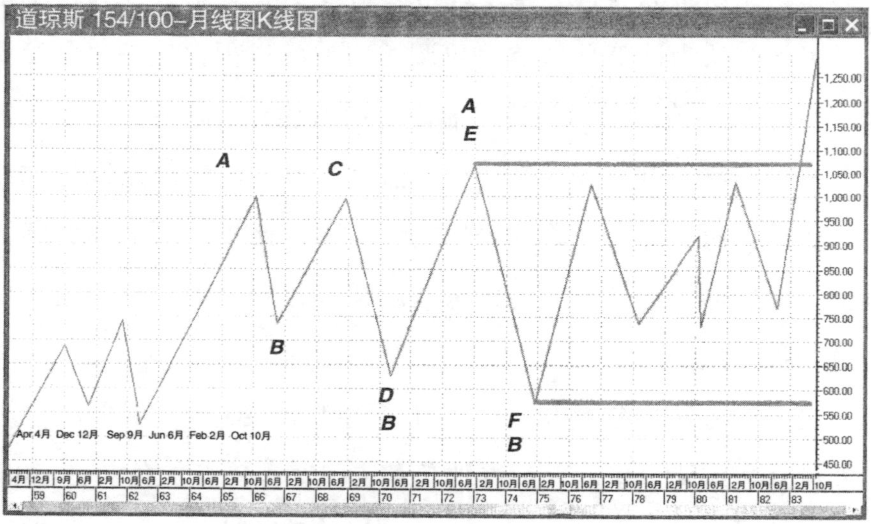

图 1.7　道琼斯工业平均指数——月线图

在图 1.6 中，在没到 F 点之前，A 和 B 是振荡区间的边界。在 F 点，市场向下假突破，这样就扩大了 A—B 的范围（假突破是指突破后还要回到振荡区间）。我认为可以把 F 点重新标记为新的 B 点，这样振荡区间的边界就很清晰、很简单。

第二个例子（图 1.7）是 1962 年到 1983 年的道琼斯工业平

均指数（缩写是 DJIA），我们来看看这张图表说明了什么。

- 市场走到点 C 时，可能会形成振荡区间。B 点没有守住，市场向下假突破，跌到了 D 点，然后市场又回到了振荡区间。把 D 点重新标记为 B 点。
- 在 E 点，市场是向上的假突破，突破了 C 点所在的价格，但是市场又回到了振荡区间。把 E 点重新标记为 A 点。
- 在 F 点，市场又向下假突破，这个新的最低价就被重新标记为 B 点。新的 A 点和 B 点之间就是振荡区间，1975 年到 1983 年的市场都在这个区间内振荡。

现在回头看看我们学到了什么知识：巴罗斯波动定义了特定时间周期内的趋势，趋势分别有上涨趋势、下跌趋势和横盘振荡趋势。我们还研究了横盘振荡趋势的特点和我的重新标记边界的方法。

下面要考虑的是横盘振荡趋势的形态。但在这之前，让我们先休息一下。是不是后面的内容很复杂？

因为横盘振荡的市场出现的频率比有趋势的市场出现的频率大，所以我要不厌其烦地讲解如何确定并重新标记横盘振荡的市场。如果说有趋势的市场和横盘振荡的市场所采用的策略是一样的，那么就简单了，但是它们所采用的策略并不相同。在有趋势的市场中，我们只要“顺势而为”——也就是说，在上涨的趋势中，逢新高买入或在修正处买入；在下跌的市场中，逢新低卖出或在修正处卖出。然而，在横盘振荡的趋势中，“顺势而为”的策略只会让你亏钱；更重要的是，如果你在振荡区间的边界附近“反着做”，你会做得更好（所谓反着做，就是“高卖低买”，而不是“在新的最高价买入”，也不是“在新的最低价卖出”）。

现在再来讨论横盘振荡市场的形态。

横盘振荡市场的形态

横盘振荡的市场一般会呈现以下三种形态中的一种。

正常模式

图 1.8 显示了正常模式。一旦市场在 C 点无法创造新高并下跌，那么市场就有可能进入振荡区间。

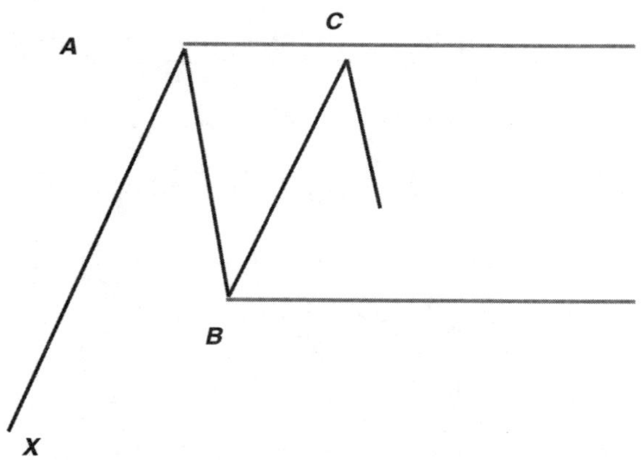

图 1.8　正常模式

A—B 和 X—A 相比，回撤越深，那么市场就越有可能在 C 点进入横盘振荡的模式。实际上，如果 B 点相对于 X—A 的回撤达到或超过了 X—A 的 78.6%，那么市场更有可能在 C 点进入横盘振荡的市场。

突破支撑区或阻力区模式

图 1. 9 显示的就是突破支撑区或阻力区模式。C 点超过了 A 点（阻力区），但是超过的价差没超过 X—A 的 10%，也没超过 A—B 的 20%（也就是说，市场向上突破了振荡区间的边界，但还是在最大范围之内）。

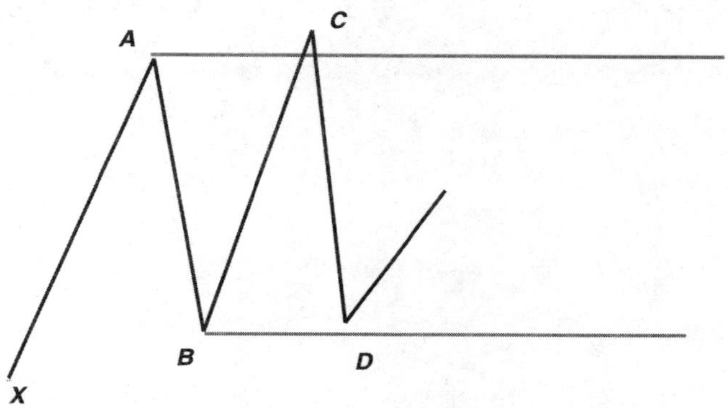

图 1. 9　突破支撑区或阻力区模式

市场在 D 点转而向上了，这很重要；否则，我们可以认为市场的趋势改变了。实际上，我们能看出，这个模式是很可靠的，故，在我的时间周期内，如果我看到市场跌到了 D 点之下，那就表明趋势正在改变，市场并非是横盘振荡的。区分这两个模式很重要，因为这两个模式的策略点是不同。如果市场是横盘振荡的，我们应该在 C 点卖出。如果市场在 C 点向上突破失败，那么就要改变趋势。只有当线在 D 点转而向上，那么市场才有可能在 D 点反转并进入振荡区间。

什么是“支撑区”，什么是“阻力区”？我想直接引用爱德华和迈吉合著的《股市趋势技术分析》第五版（波士顿：约翰迈吉 1983 年出版）第 211 面的原文：

> 支撑区是指一个价格水平，在这个价格水平会冒出足够的需求，这些需求会让下跌的趋势暂时停止，甚至会让趋势反转向上。同理，阻力区就是一个价格水平，在这个价格水平会冒出足够的供应，这些供应会让上涨的趋势暂时停止，甚至会让趋势反转向下。支撑区代表了很多需求，阻力区代表了很多供应。

关于“需求”，两位作者指的是“买家”；关于“供应”，两位作者指的是“卖家”。

还有一条推导出来的规则：一旦价格下跌到了支撑区之下且被市场接受了，那么支撑区就变成了阻力区；一旦价格上涨到了阻力区之上且被市场接受了，那么阻力区就变成了支撑区。

另外：我一直认为我的学生们都知道“支撑区”和“阻力区”的含义——后来才有学生告诉我并非个个都知道这两个词的含义。我犯了一个错误，主观交易者在判断趋势的时候都会犯这个错误：想当然。

我们都会根据自己的经验、知识和信息来对趋势做出想当然的判断，即使新的线索和证据都表明我们的想法错了，我们还是坚持自己的观点，这是很危险的。作为主观交易者，对于不同的信息，我总是在反复检查，这是我成功的原因。

现在谈论最后一个模式：“意外模式”。

意外模式

图 1.10 显示了意外模式。在点 C，我们期望市场会继续上涨，但是市场却下跌到了 B 点之下，这表明市场可能要进入横盘振荡。对于这个模式，市场在向上突破 A 点所在的价格时，回撤幅度超过了 C—D 的 78.6%，然后到了 E 点再下跌的。看清这点很重要。

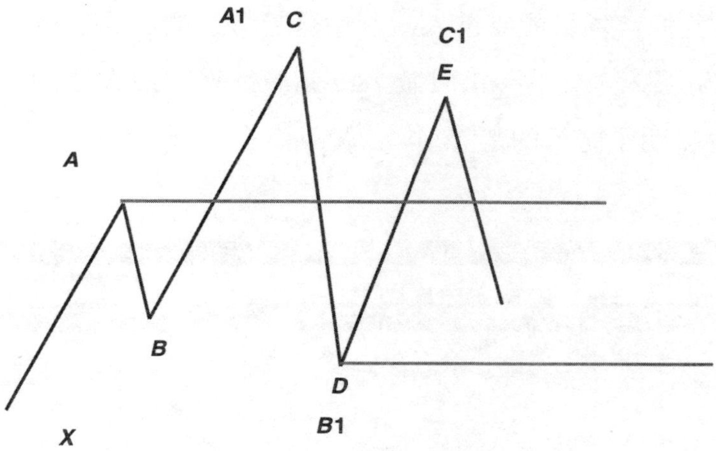

图 1.10　意外模式

请注意，我在图中已经分别重新标记了字母，分别是 A1、B1 和 C1，如此一来，市场就是正常的横盘振荡形态了。既然最终是正常模式，为什么还要分意外模式和正常模式？因为如果我们不了解意外模式，当市场下跌到 B 点所在价格之下时，我们就会产生误解。

在下跌的趋势和上涨的趋势中所使用的策略和在横盘振荡趋势中使用的策略是不同的。根据我的经验，如果没有证据表明趋势发生了改变，那么市场在横盘振荡之后还会沿着原来的方向前进，故，除非有证据表明趋势在改变，我在横盘振荡的市场中的下单方向和之前的方向性波动是一致的。

到目前为止，对于横盘振荡的市场，我们已经知道了它的形态、本质以及相关的交易策略。下面，我们会谈到上涨的趋势和下跌的趋势，在此之前，我们先回顾以前学过的知识。

在图 1.11 中，市场到了前期高点 A，然后在 C 点开始下跌，这告诉我们市场可能要进入横盘振荡趋势，故，我们可以考虑在 B 点附近买入：在 A—B 回撤 78.6%的价格和最大范围之间。图 1.12 则说明了之后的走势。

来源：市场分析者公司授权

图 1.11　澳元对美元的周线图，横盘振荡形态：Ⅰ

- 最大范围是 0.6524。
- 振荡区间上下边界 78.6%的回撤就是 A—B78.6%的回撤。
- 市场回撤了 80%，然后又上涨了。当我写到这里的时候，市场向上突破了最大范围 0.8248 并涨到了最大范围的上面。

来源：市场分析者公司授权

图 1.12　澳元对美元的周线图，横盘振荡的形态：Ⅱ

当我刚开始交易的时候，我并不知道区分有趋势的市场和横盘振荡的市场并分别采用不同的策略是很重要的。有件事让我记忆犹新。有一周，我的交易很好，当时到了周五，我的妻子克莉丝汀说我像“一辆没油的汽车”，她建议我休息一下。没错，我确实累了。但是我当时比较骄傲，我决定到了周末再休息。标准普尔在当天的晚上波幅不大，我的日记中记录着标准普尔的振幅为 6 点，但是我的账户已经亏了 39 点！我的方法是在每个最高价买入，在每个最低价卖出，这个方法之前都是成功的。

当时我刚刚上了彼得·史泰米亚关于市场轮廓的课程，当时低价股刚开始下跌。朋友们，一定要把这门课学好啊。

下面开始讨论有趋势的市场。

方向性波动：上涨的趋势和下跌的趋势

在上涨趋势中，最高价越来越高，最低价越来越高；在下跌趋势中，最低价越来越低，最高价越来越低。问题是：在上涨趋势中，会有多少个越来越高的最高价；在下跌趋势中，会有多少个越来越低的最低价？我认为，在上涨趋势中，至少要有两个越来越高的最高价；在下跌趋势中，至少要有两个越来越低的最低价。对于上涨的趋势，如果我只看见一个比较高的最高价和一个比较高的最低价，我认为这只是“可能的上涨趋势”。同理，在下跌的趋势中，我想看见至少两个越来越低的最低价；如果我只看见一个比较低的最低价和一个比较低的最高价，我就认为是“可能的下跌趋势”。根据具体环境不同，我可能会修改这个规则。比如，如果市场已经横盘振荡了一段时间，我则倾向于认为市场会突破。

图 1.13 显示的是道琼斯，它横盘振荡了很多年，然后在 1984 年突破了。在 A—B 之间的波动就是横盘振荡，A—B 之间的所有波动都没有趋势。

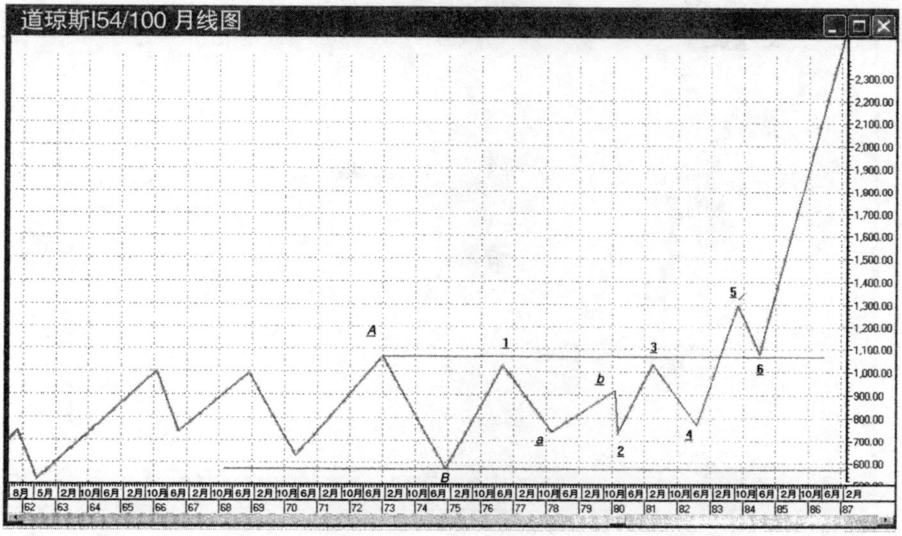

来源：市场分析者公司授权

图 1.13　道琼斯工业平均指数——月线图

在点 5，市场突破了，然后又重新测试点 6，这是比较典型的走势。当市场重新测试点 6 时，我认为市场可能会上涨。

图 1.14 中是道琼斯的周线图，道琼斯横盘振荡了 35 周，然后在 2003 年突破了。

我会把这个突破看成是一个可能的上涨趋势。我们只看见了一个比较高的最高价，比较高的最低价还没形成。另外，前面八周突破了，最后一周是横盘振荡的。最后，在一周的上涨之后，市场的上涨幅度和 35 周的横盘振荡相比，幅度也是很小的。

一周的横盘振荡指什么？我是指根据巴罗斯波动的定义，这一周的波动能说明市场是横盘振荡的。

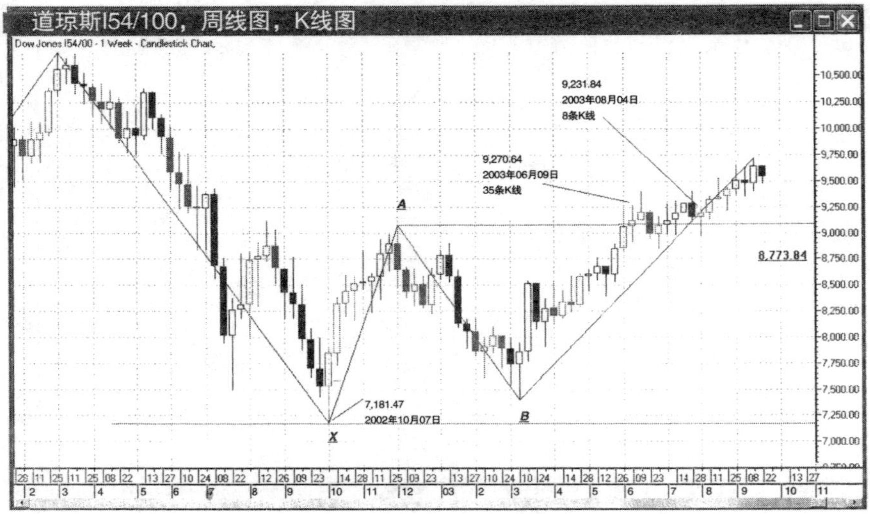

来源：市场分析者公司授权

图 1.14　道琼斯工业平均指数——周线图

图 1.15 中的波动就是一周这个级别的波动。突破后的横盘振荡用 1/2 表示，我已经画出了两条水平通道线。当我写到这里的时候，这张图是实时的，我相信，如果市场不会回撤到横盘振荡区间，也会回撤到 A 点所在的价格。后面的波动会证实或否决我的这个观点。

通过比较道琼斯在 1984 年和 2003 年的突破行为，就说明了“根据不同环境修改规则”的含义。对于主观交易者来说，市场信息和图表模式等都要在具体的环境中做具体的分析。具体的环境决定了信息和模式的价值和可靠性，它们是非常有价值的风险管理工具。

环境的表现之一就是上涨趋势和下跌趋势的力量不同，我们会迟点讨论这个话题。

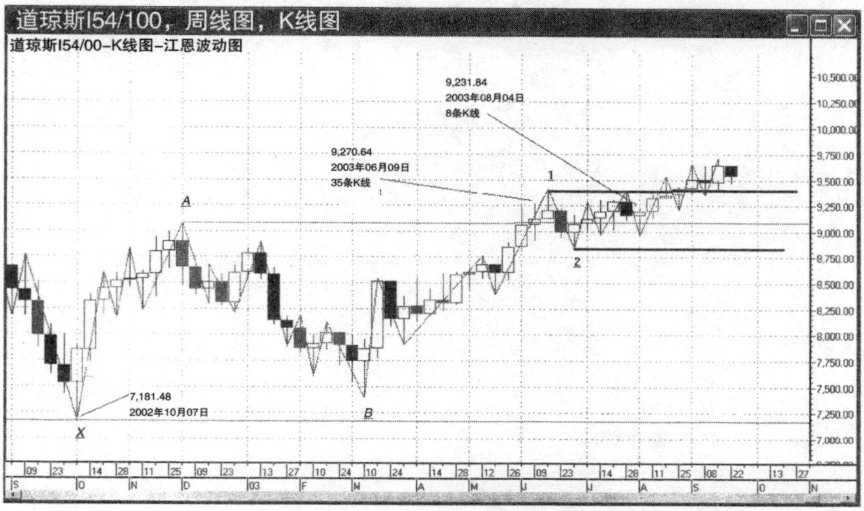

来源：市场分析者公司授权

图 1.15　道琼斯工业平均指数——周线图

不同的趋势力量

在上涨趋势和下跌趋势中，根据推动浪的力量不同，方向性波动也在变化。

塔布斯结构（在本章开始介绍了，图 1.16 是重复的图）说明了这个概念。推动浪 A—B 的力量低于正常值。C 到 2 的推动浪的力量不是正常值。5 到 D 的力量是正常的力量。

把不同的推动浪分门别类能帮助我们完善策略，不同的推动浪有不同的特点。

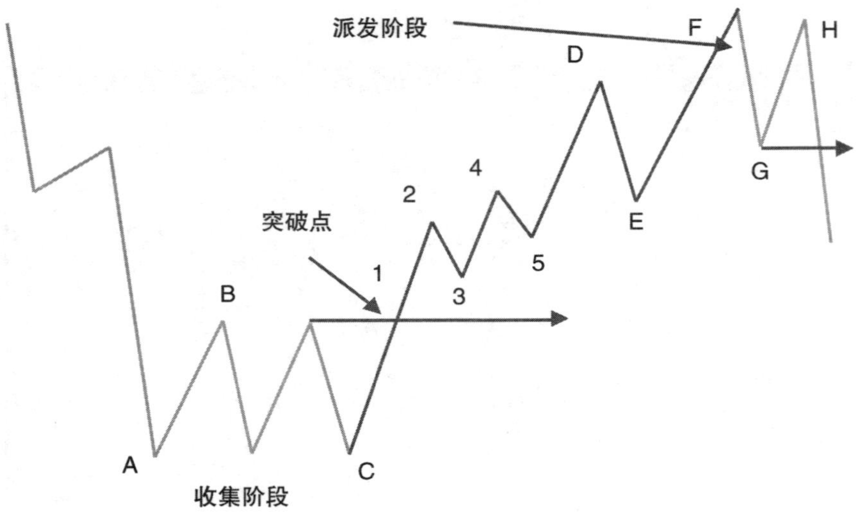

图 1.16　塔布斯结构

- 对于比正常波动小的波动，我们要有耐心，我们要采用“在回撤时买入”的方法。
- 对于正常波动，既适合做突破交易，也适合在回撤时交易。
- 对于比正常波动大的波动，最适合做突破交易。

关键的问题是：我们如何确认波动的力量，如何利用好波动的力量？为了回答这个问题，我们就要了解各种力量类型的特点。但是，在讲这个话题之前，我想提出一点警告。本节的内容需要读者懂统计学知识。如果你不懂统计学，那么你可以阅读德里克·朗特里的《轻松统计学》（*Statistics Without Tears*），这本书很薄，也不贵。如果一个交易者对统计学一无所知，我就认为他根本没有重要的交易工具。

我还会介绍波浪结构的概念：我会介绍一些基本概念，推动浪要么是三浪，要么是五浪，每个波浪结构都有自己的特点。

小于正常值的波动（R0）

我给这种波动评分为0，因为这种波动带来的潜在利润很低——除非你学会了提前发现这种波动。要想区分出这种波动，我会分析以下内容：

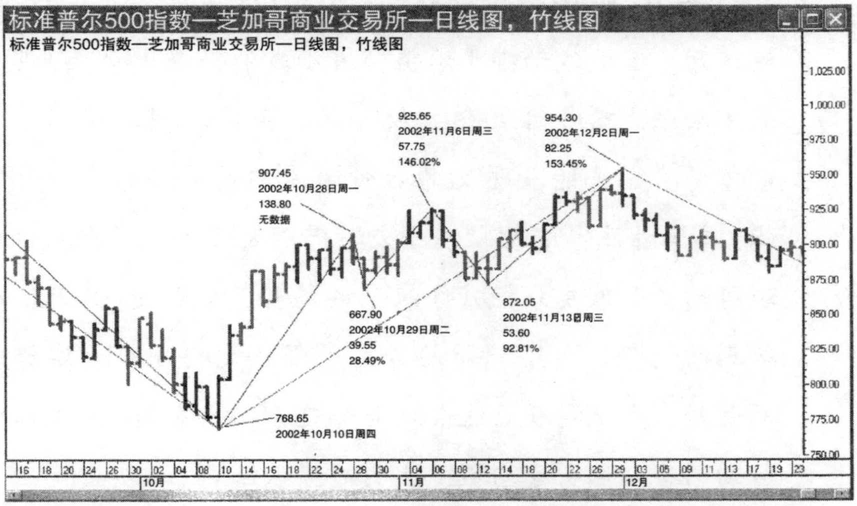

来源：市场分析者公司授权

图1.17 标准普尔——日线图

- 第一个低级别时间周期内波动的力量——推动浪是否等于均值、小于均值或大于均值。在R0结构中，交易者时间周期内（也就是你交易时所采用的时间周期）的推动浪均值小于第一个低级别时间周期内的均值。

- 另外还有一条线索，那就是，如果第一个低级别时间周期内的推动线小于均值，那么 R0 就正在形成。举例说明，当 5 天波动是上涨的时候，18 天推动浪会小于均值，5 天推动浪会小于均值（5 天推动浪通常包含的波动不止 5 天推动浪）。在图 1.17 中，5 天推动浪开始于 2002 年 10 月 10 日，结束于 2002 年 12 月 2 日。当 5 天线转而向下后，我们会发现推动浪小于均值。在 5 天下跌之前，是否有任何波动表明走势会这样？第一个 5 天波动——从 2002 年 10 月 10 日到 2002 年 10 月 28 日是均值。然而，连续两个 5 天波动小于均值，给了我们一个线索，表明 5 天推动浪也会小于均值。故，第一个低级别时间周期内的推动浪也许能表明交易者时间周期内趋势的力量有多强。（译者注：这段文字原文写得不太明确。译者是这样理解的：如果要分析月线级别的趋势，也就是 18 天这个级别的趋势，为了判断趋势是否强，就要分析周线级别的趋势，也就是 5 天这个级别的趋势，结果发现 5 天这个级别的推动浪小于均值，表明趋势不强。）
- 另一条线索就是第一个高级别时间周期的结构和线条。如果它比正常的弱，那么我们就可以认为交易者时间周期内的推动浪是 R0。交易者的时间周期定义了趋势，因此才能使用相应的策略。（译者注：这段文字原文写得也不太明确。译者是这样理解的：如果交易者交易的是日线级别的趋势，交易者可以先看看周线图；如果周线图中市场表现的很弱，那么就认为在日线图中，估计也没有机会。)

问题是：R0 趋势有什么特点？如果第一个推动浪小于均值，那么这就是 R0 模式的第一个特点；第二个特点就是通常后面会出现比较深的回撤。“比较深的回撤”指回撤超过了之前推动浪的 67%，甚至高达 100%。最后，R0 结构是由四浪或六浪组成的。在六浪模式中，六浪也许只是很浅的回撤——也就是说，不必是五浪的 67%或更多。图 1. 18 和 1. 19 分别显示的是四浪模式和六浪模式。

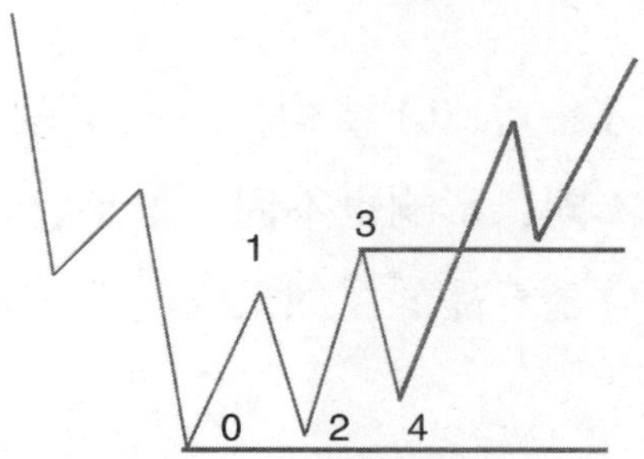

图 1. 18　R0，四浪模式

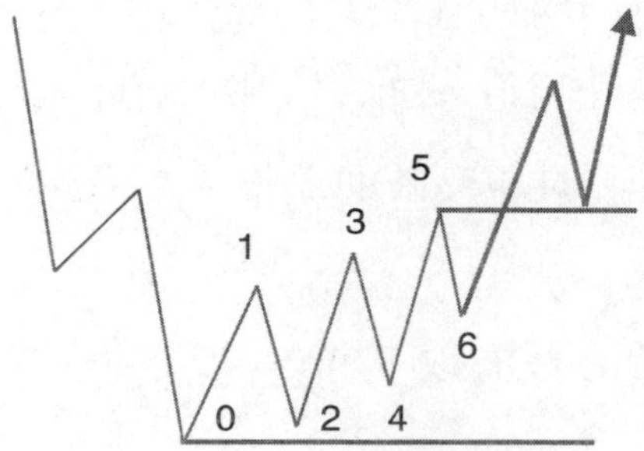

图 1. 19　R0，六浪模式

图 1.20 进一步显示了六浪模式的特点：如果波动没有反转之前的趋势，我们可以认为新的浪 1 大于均值。

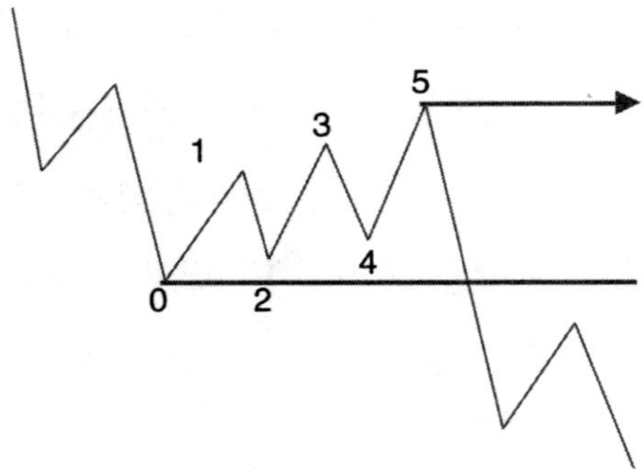

图 1.20　失败的 R0，六浪模式

一旦我们确认了一个 R0 结构，下一步就是评估它的影响。根据它发生的环境不同，影响也不同。如果它发生在牛市中且是第一个模式，那么它是看涨的；如果它是第三或第五个模式，它可能是看空的。

正常的推动浪（R1）

我把这些波动叫做“正常”的，是因为 40%到 68%的推动浪都是如此。正常的波动有一个重要特点。如果市场在横盘振荡后的推动浪的大小和均值一样大，那么就不要希望回撤有 40%到 68%。假如说在突破时，突破的那根 K 线振幅很大，市场通常会回撤到突破点。

振幅大的突破 K 线有以下特点：

- 它的振幅和成交量都比正常值大。

- 在阳线中，开盘价不会高于振幅底部的三分之一（最好在底部的四分之一处），收盘价在振幅顶部的三分之一内（最好是在顶部四分之一内）。
- 在阴线中，开盘价至少在振幅顶部的三分之一内（最好是在顶部的四分之一内），收盘价在底部振幅的三分之一内（最好是在底部四分之一内）。图 1.21 说明了开盘价和收盘价在振幅的三分之一内和四分之一内的具体情况。
- 至少有 50%的振幅在突破点之上。
- 在突破的那天，最好（但并非必要）振幅和成交量都是前一天的两倍。
- 突破并非是消息引起的——比如，并非是每个月的经济报告（零售报告或失业报告等）引起的。振幅大的突破 K 线是否是由消息引起的非常重要。如果是消息引起的，这种突破信号就不够强劲。市场通常不会守住主要区域，比如，在上涨突破后会回撤到主要卖盘区域之下。非消息引起的突破会回撤到主要区域，但是不会向下穿过主要区域。

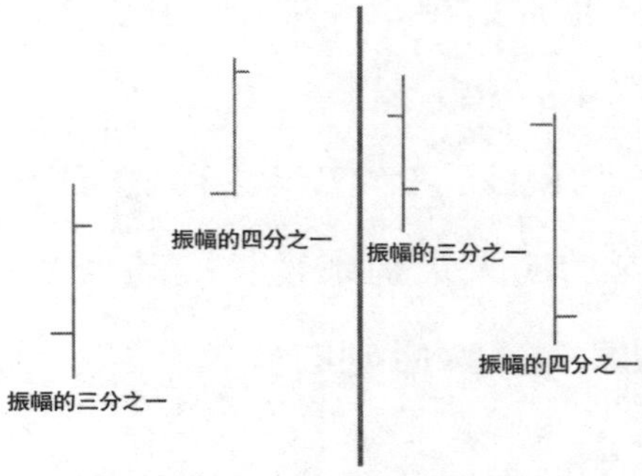

图 1.21　振幅大的突破 K 线

图 1.22 显示了突破时的正常波动。

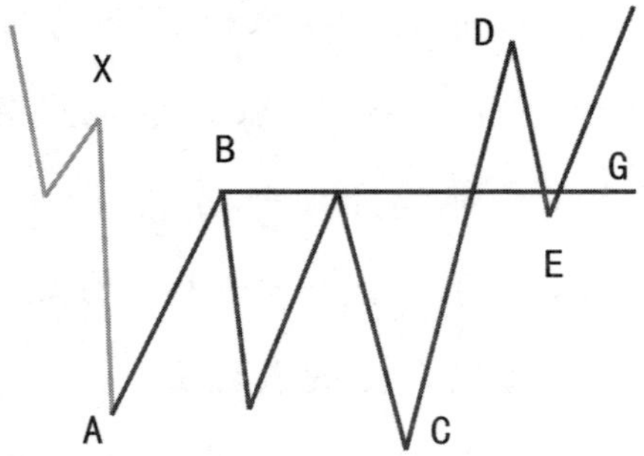

图 1.22　振幅大的突破 K 线（非消息引起的）

R1 是最容易交易的。回撤在大部分交易者的预期之内，响应式交易者会进场的，这样就不会感到有压力，也不会痛苦。R2 则是另外一种情况。

大于正常值的波动（R2）

通常情况下，在 R2 中我们看不到同一个级别的回撤，我们只会看到第一个或第二个低级别时间周期内的回撤。波动力量越大，我们就越有可能看到第二个低级别时间周期内的回撤。图 1.23 显示了一个真实的 R2。

从 2006 年 7 月 18 日到 2007 年 2 月 22 日，标准普尔上涨了 19.35%。对于正常的 5 天级别来说，波动大于正常值。请注意，市场中的唯一波动就是 5 天级别的。

来源：市场分析者公司授权

图 1.23　标准普尔——日线图

总结

在本章，我们讨论了以下三个主题：

- 首先讨论了我的关于交易成功和市场的信念。关键的内容有：
    - ☆ 综合了赢家心理、有效的资金管理和书面的交易策略才能成功。机械交易者的策略和主观交易者的策略完全不同。
    - ☆ 市场在本质上是分形的，是复杂的（包括复杂理论的含义)。因为这个原因，技术分析可以给交易者或投资者带来优势。

- 然后我们深入地研究了趋势的结构和趋势的本质。
- 然后我们又研究了巴罗斯波动，看看它是如何帮助我们确定特定时间周期内的趋势的本质的。一旦你确定了趋势的本质，你就会有你自己的策略。你现在有能力确认并区分横盘振荡的趋势、上涨的趋势和下跌的趋势。对于有方向的趋势，你可以指出上涨趋势或下跌趋势是否小于正常值、等于正常值或大于正常值。等你做出了这种区分之后，你就可以相应地进行投机。你还能知道横盘振荡的市场是如何形成的，你也能知道如何进行标记，你有相应的交易策略。

一旦你确定了当前的趋势，下一步就是确认趋势何时会改变，这是下一章的主题。

第 2 章　趋势的改变

概要

我们在第 1 章讨论了确认一定时间周期内趋势的方法。因为确认了趋势，我们成功的概率就大了，所以我一开始就谈到了确认趋势。正因为如此，确认趋势形态对我的分析来说就是最重要的。如果我的分析是对的，那么随后的交易就是成功的。关于趋势，彼得·史泰米亚过去喜欢这样问：

- 趋势的方向如何?
- 这个趋势会持续下去吗，会改变吗?

我们在第 1 章谈到了趋势的方向——分别是上涨的趋势、下跌的趋势和横盘振荡的趋势（或叫水平波动）。更重要的是，我们知道了趋势和一定的时间周期是联系在一起的，这个原则很重要。故，我们平时问自己的第一个问题是：（在某个时间周期内）

市场的趋势方向如何？

比如，月线级别的趋势方向如何？

在本章，我们要想办法回答第二个问题：这个趋势会持续下去吗，会改变吗？

导图 2.1 显示了本章要讨论的主要趋势模式。

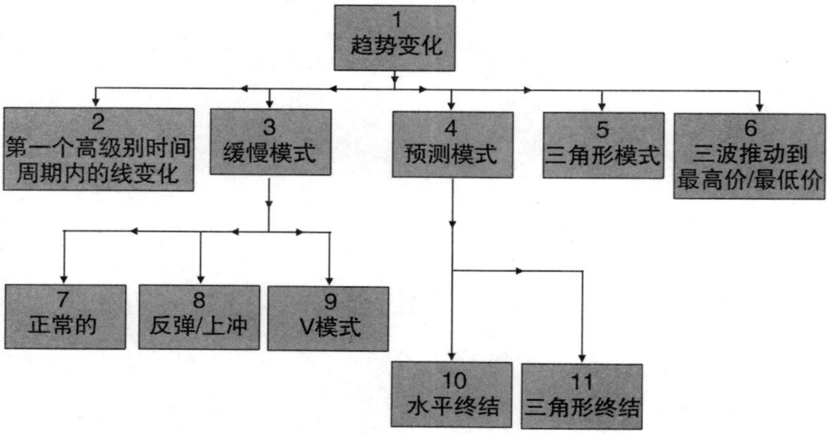

图 2.1　第 2 章的导图

让我们看看趋势改变的过程。从上涨趋势到下跌趋势，我们首先要接受价格跌到之前波动的最低价之下，然后还要接受最低价越来越低，最高价越来越低。价格下跌到之前的最低价以下时，那么就结束了本时间周期内的上涨趋势，但是此时下跌趋势并没有开始，等最低价越来越低，最高价越来越低时，下跌趋势才开始。图 2.2 说明了趋势从上涨到下跌的变化过程。趋势从下跌到上涨也是同理。

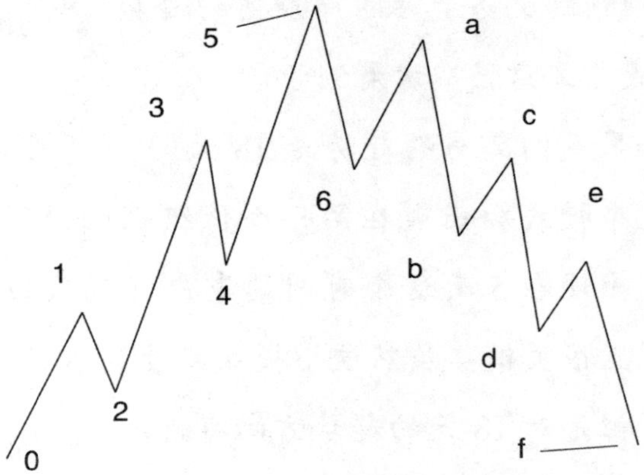

图 2.2　上涨趋势和下跌趋势的顺序

在图 2.2 中，用数字标记的波动形成了上涨趋势（6 除外）；用字母（包含 6）标记的波动形成了下跌趋势。在最低价越来越低，最高价越来越低（从 a 到 d）之前，也就是在 d 点之前，我们都不能确认趋势改变了（从上涨到下跌）。

这是否意味着我们要等待阶梯模式的出现，然后再改变我们的策略？如果我是趋势跟踪者，我会明确地回答："是的！"但是我们并非一定要等待阶梯结构的出现，然后根据趋势的改变做交易。因为我们有高概率模式，这些模式能帮助我们预测趋势的改变，所以我才这么说的。我给这些模式做了如下区分：

- 第一个高级别时间周期内的线方向在改变：每当趋势改变时，这个就会发生。
- 缓慢模式：趋势改变时，92%会发生这个模式。
- 预测模式：这会发生在第一个低级别的时间周期内，但是会预测到交易者时间周期内的趋势变化。你也许会问，这到底什么意思？请看例子。

如果我们交易的趋势是 18 天趋势（月线级别），那么这个模式会出现在第一个低级别的时间周期内，也就是出现在 5 天这个时间周期内（周线级别）。但是有一点很关键：虽然这个模式发生在 5 天的时间周期内，但是对 18 天的趋势方向有暗示。

- 三角形变化：这是趋势的正常变化。然而，它们还是有自身特点的，这样才能分门别类。
- 三波推动到最高价/最低价模式：这个独特的模式最终形成了一个缓慢模式。

现在我们来逐一研究。

第一个高级别时间周期内线方向的改变

趋势改变的最简单规则是：无论趋势是否在改变、无论交易者的时间周期内是否形成了全点计数，第一个高级别时间周期内线方向的改变意味着交易者时间周期内的趋势已经改变了。

全点计数（WPC）是一种时间过滤器，我用来防止假突破。另一个时间过滤器叫线变计数（LCC）。我在后面会详细介绍这两个过滤器。目前，你只要记住，全点计数和线变计数都能增加趋势改变的概率。

图 2.3 显示了标准普尔（现货）13 周波动的线变过程。如果市

场的价格到了 956.27，那么 13 周线就要转而向下了。如果市场到了这个价格，无论是哪种趋势的变化，18 天波动都会改变趋势。

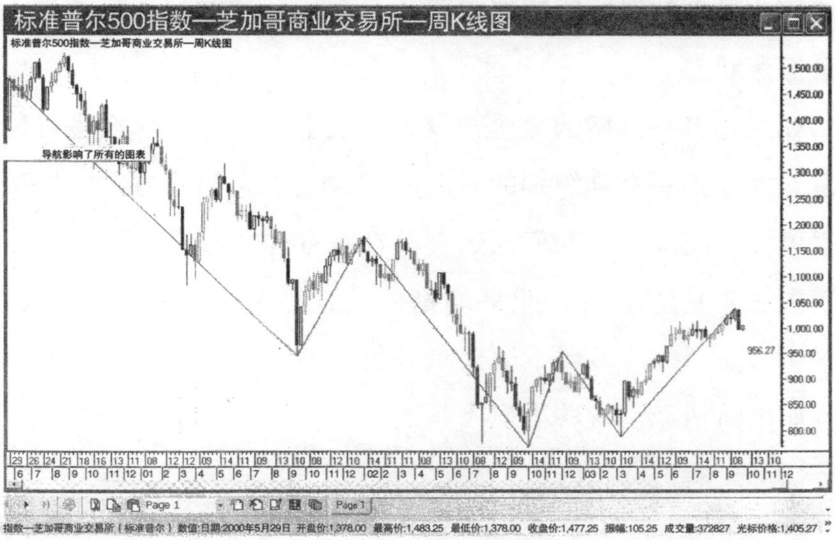

来源：市场分析者公司授权

图 2.3　标准普尔——日线图

缓慢模式

关键思想

在研究这个模式之前，我们先了解一下什么是关键思想。

趋势要想改变，首先必须存在持续的上涨趋势或下跌趋势

换句话说，在市场从上涨趋势变成下跌趋势之前，市场必须是最高价越来越高，最低价越来越高。越来越高的最高价的数量

和越来越高的最低价的数量越多，那么上涨趋势的时间跨度就越大，趋势有效改变的概率就更大。下跌趋势也是同理。

如果在出现了全点计数后趋势的变化是相反的，那么市场有可能在交易者的时间周期内或第一个高级别的时间周期内进入了横盘振荡状态

如果趋势一开始的变化并没有形成全点计数，那么也可以这么说。因为第一个高级别的时间周期改变了它的线方向，所以趋势很可能会改变。让我们通过实例来看看这个思想。

图 2.4 是道琼斯工业平均指数（DJIA）的 13 周价格波动，2000 年 1 月 10 日出现了历史最高价 11908。从 1999 年 10 月 18 日开始的价格波动说明了以下特点：

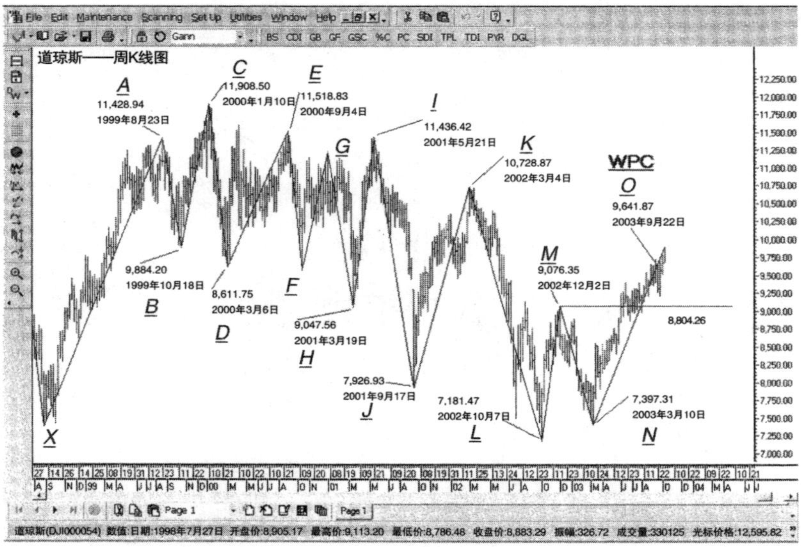

来源：市场分析者公司授权

图 2.4　道琼斯——周线图

- 2000年1月10日，市场突破了A点的价格11429并到了C点；从C点开始，市场回到了A—B间的振荡区间。现在的边界是C和B。
- 2000年3月6日，市场向下突破了B点的价格并到达了D点，现在振荡区间的边界是C—D。
- 接下来重要的事件是市场到了H点，E点比C点低，所以C点还是最高价，F—G是一个比较小的波动，可以忽略。
- 2001年3月19日，市场向下突破了D点所在的价格，并到了H点，然后又回到了振荡区间。反弹的最高价在I点。因为I点在C点下面，所以横盘振荡市场的最高价还是C点，因此，振荡区间的边界是C—H。
- 在C点和I点之间并没有全点计数，因此没有确认趋势的改变。
- 2001年9月17日，12个月的线在J点转而向下。相应地，13周趋势相信是向下的。但是请注意在J点并没有形成全点计数，实际上，在这个下跌趋势中并没有出现过全点计数。
- 2003年9月22日，市场改变了自身的趋势，从下跌变成了上涨，形成了全点计数，确认了13周上涨趋势。价格波动表明12个月形成了横盘振荡的趋势。上面的边界是A点所在的11908（加上最大范围），下面的边界是B点所在的7181。

如果你能认真做出正确的标记，你就会发现运用模式是很轻松的

我们用四个标签来确认关键的波动点，这四个标签分别是X、A、B 和 C。在上涨的趋势中，X 和 B 永远是最低价，A 和C 永远是最高价。在下跌的趋势中，X 和 B 永远是最高价，A和 C 永远是最低价。X—A 至少应该是推动浪均值。我把“推动浪”定义为顺着趋势方向的一段波动，“均值”就是“平均值”。在计算“推动浪均值”的时候，我并不会去区分上涨和下跌。

图 2.5 确认了上涨趋势和下跌趋势中的推动浪，这样可以用来计算推动浪均值。

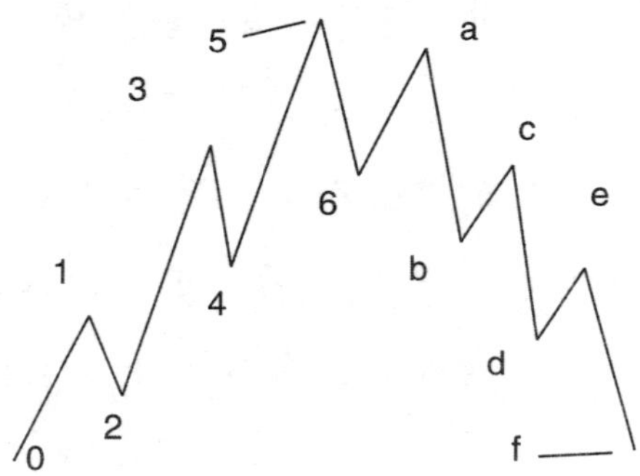

图 2.5　推动浪

在计算“推动浪均值”的时候，我们要包括浪 1、3、5、6、b 和 d。因为 f 并不完整，我们不考虑 f；只有当线转而向上的时候，f 才算是完整的。图 2.6 说明了对于市场在图 2.5 点 3 时的正确的标记方法。

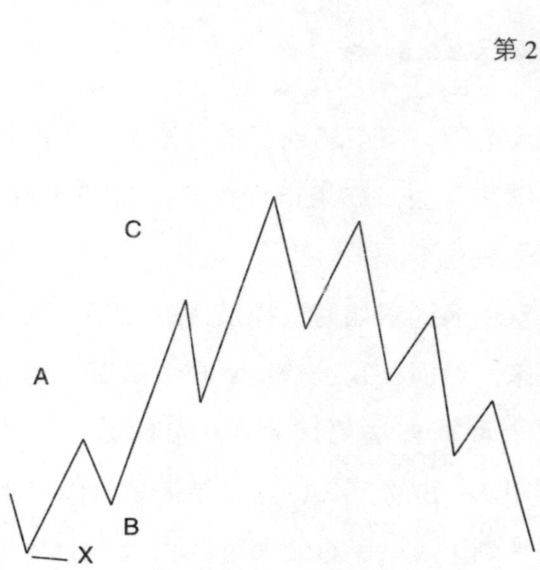

图 2.6　推动浪标记方法

图 2.7 显示了市场在（图 2.6）C 点之后的重新标记的方法，C 点之后的价格比最大范围大。

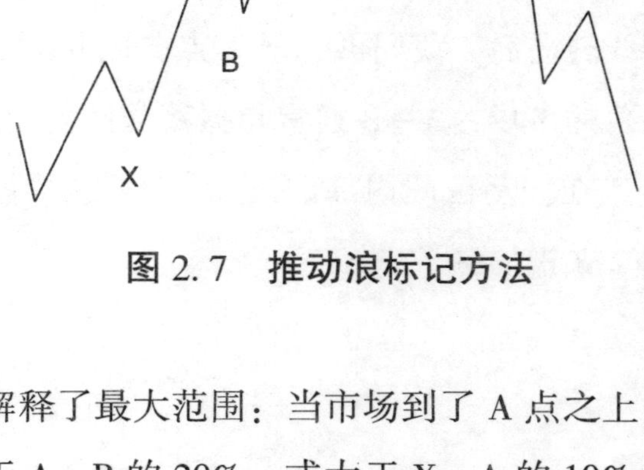

图 2.7　推动浪标记方法

第 1 章解释了最大范围：当市场到了 A 点之上，如果高于 A 点的幅度大于 A—B 的 20%，或大于 X—A 的 10%，两者之间的较大值就是最大范围，当市场到了最大范围之外时，我们就设想上涨趋势还会继续下去。如果市场跌到了B点所在的价格之下，这个设想就不会成立了。

我在第1章还谈到了如何选择最优的结果，我建议你把这两个数字都算出来。然而，我也指出了很多人都不愿意去计算推动浪均值——这个计算方法要用到X—A的数字。故，如果你愿意，你可以使用A—B的20%，这个结果是可以接受的。

一旦市场涨到了A—B的最大范围以上，只要市场没有下跌到之前的最低价之下，B就变成了X，C就变成了A。继续这种方式，直到市场向下突破了B点。一旦市场到了B点之下，且在最大范围之下，且在B点下面形成了全点计数，我们就设想下跌趋势已经开始了。我们要根据下跌趋势适当地做标记——也就是说，X总是最高价，A是最低价，B是最高价，等等。

请记住，在下跌趋势中，X和B总是最高价，A和C总是最低价。X—A至少是推动浪均值。我要再次说明，“推动浪”就是沿着趋势方向的波动幅度，“均值”就是“平均值”。

请注意，在上涨趋势中，当线转向A之后，我们才标记X点；同理，当线转向后，我们再标记A点，以此类推。

在横盘振荡的市场，A—B通常是振荡区间的边界。在A—B之间的波动叫“在振荡区间内部的波动”，不能看做是有趋势的市场。请看图2.8中的例子。

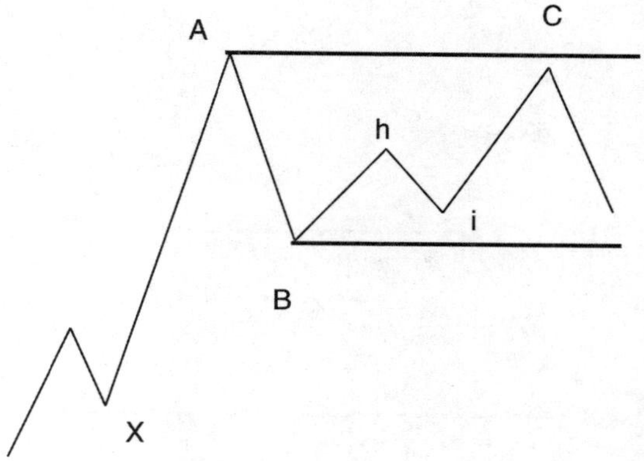

图 2. 8　**趋势改变中的内部波动**

在图 2. 8 中，在确定趋势模式后，B 点之后的价格波动在 A—B之间，可以忽略。当市场走到振荡区间之外，然后又回到振荡区间时，需要重新标记 A—B 区间。图 2. 9 说明了重新标记的方法（因为在第 1 章已经具体解释了，这里只是复习一下）。

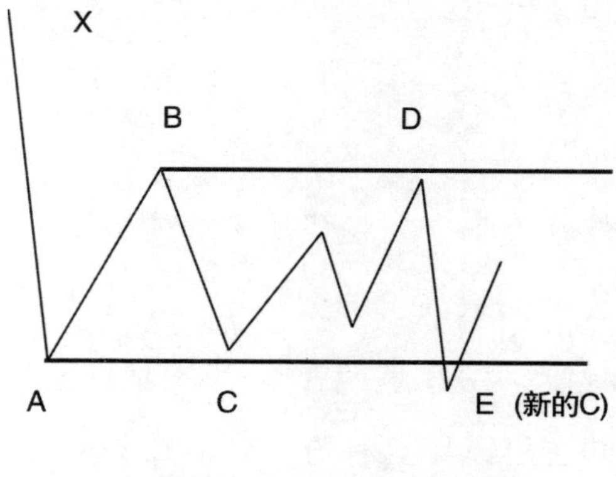

图 2. 9　**重新标记 A—B：I**

图 2. 10 显示了另外一个重新标记的状况。

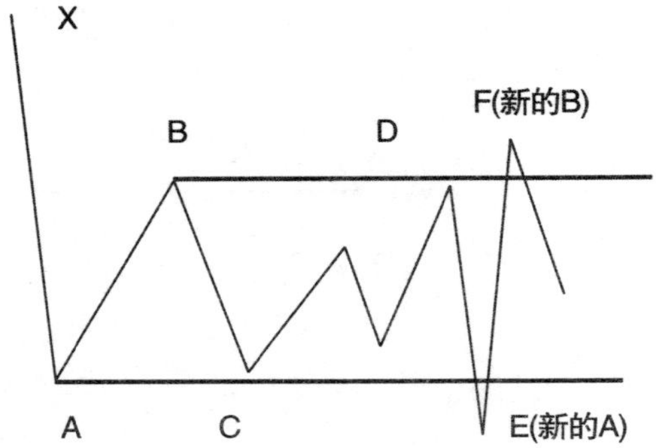

图 2.10　重新标记 A—B：Ⅱ

时间和价格过滤器用来确认假突破

为了防止假突破，我使用时间和价格过滤器确定最大范围。时间过滤器包括全点计数和线变计数，这两个名词来自约瑟夫·哈特的业务通讯邮件《趋势动力》（为防止误解，特此说明：这里的思想是我对哈特的概念的解读和提炼，并没有精准地反映哈特的思想。我做了小小的修改，我的公式和哈特的公式有点不同）。

全点计数

在新的下跌趋势中，当趋势从上涨变为下跌的时候，在 B 点或在 B 点之下连续的最高价的数量定义了全点计数；当趋势从下跌变为上涨的时候，在 B 点或在 B 点之上的最低价的数量定义了全点计数。我们也可以用这种方式：在下跌趋势中，当趋势从上涨变为下跌的时候，整条 K 线在 B 点或在 B 点之下的 K 线数量定义了全点计数；当趋势从下跌变为上涨的时候，整条 K 线在 B 点或在 B 点之上的 K 线数量定义了全点计数。连续天数所考虑的时间周期是波动级别的一半。举例说明：

如果 18 天的趋势从上涨变为下跌，连续 9 天的最高价在 B 点或在 B 点之下就是全点计数。

如果 18 天的趋势从下跌变为上涨，连续 9 天的最低价在 B 点或 B 点之上就是全点计数。

另外一种说法是：要想形成全点计数，整条 K 线必须在突破点（译者注：指 B 点）或在突破点之外，K 线的数量是波动级别大小的一半。

这些天数必须是连续的，我来举例说明这个规则的意思。在新的上涨趋势中，连续 4 天的最低价在 B 点之上，但是在第 5 天，最低价在 B 点之下，根据“连续的规则”，则要重新开始计算。

如果这就是全点计数的定义，什么是线变计数呢？

线变计数

线变计数是一种方法，用来确认新的趋势是否有足够的方向性动量。哈特的研究表明如果线变计数的评分为+3，那么就可以确认新的突破。为了更好地说明这个思想，我举个例子。

图 2. 11 显示了新的上涨趋势的形态。

在第 1 天，市场突破了突破点 A，我们给市场的评分为+1。第 1 天的最高价和最低价就是重要的边界。如果市场沿着新的趋势突破了边界，我们就给新的最高价评分为+1，并给总和加上 1。因此到了第 4 天，我们的评分是+2：第 1 天的+1 加上第 2 天的+1。

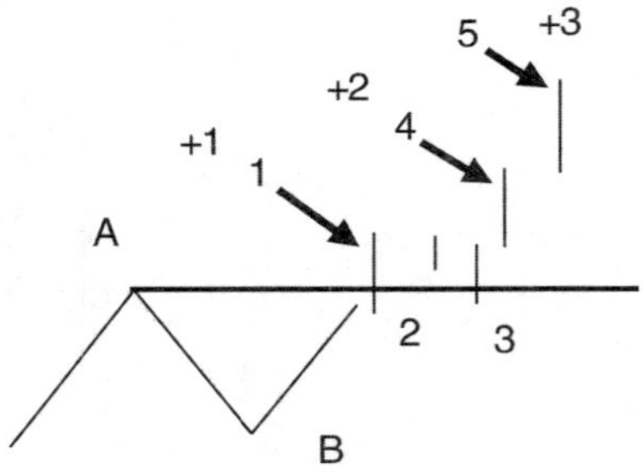

图 2.11　线变计数显示了评分为+3 的动量

如果市场逆着新趋势反向突破，则要评分为-1。在本例中，如果第 1 天的最低价向下突破了，我们就评分为-1，并从总和中减去 1。一旦总和到了 0，就要重新计算，也就是说，我们并不给负的评分。

如果 K 线在内部，那么得分为 0。要想确认一条内部 K 线，我们把方向性波动的极限价格作为边界。比如，在图 2.11 中，相对于第 1 天来说，第 2 天和第 3 天就是内部 K 线，因为第 1 天的边界形成了向上突破的极限价格。在第 4 天，第 1 天的最高价被突破了。要想确认内部 K 线，就要把第 4 天的最高价和第 1 天的最低价作为边界。

请注意：如果市场突破了最大范围，出现了全点计数，出现了评分为+3 的线变计数，这意味着我们要改变策略，并非意味着我们要立即建仓。要想交易，不但要确定进场条件，还要找到低风险的进场点——也就是找到区域、模式、触发条件、初始止损点和恰当的回报风险比——下一章会谈到这些话题。

如果按照重要程度排序，重要的在前面，那么三个趋势改变的过滤器分别是：

- 全点计数。如果没有出现全点计数，那么趋势改变的可能性就小了，除非在趋势从上涨变为下跌的时候，出现了一系列越来越低的最低价和越来越低的最高价（当趋势从下跌变为上涨的时候则相反）。
- 线变计数。
- 最大范围。

你要记住本节讨论的关键思想。实际上，这些思想太重要了，我的建议是，如果你没有完全掌握这些概念，就不要做交易。

缓慢模式的特点

有三种缓慢模式。按照出现的频率，它们依次是：

- 正常模式。
- 反弹模式（spring，从熊市到牛市的变化）和上冲模式（upthrust，从牛市到熊市的变化）。（译者注：这个定义很重要，不是指上涨趋势。）
- V 顶模式（从熊市到牛市的变化）和 V 底模式（从牛市到熊市的变化）。

正常模式

大约 60%的趋势变化都是正常模式。图 2.12 显示了正常的趋势变化，从上涨到下跌。

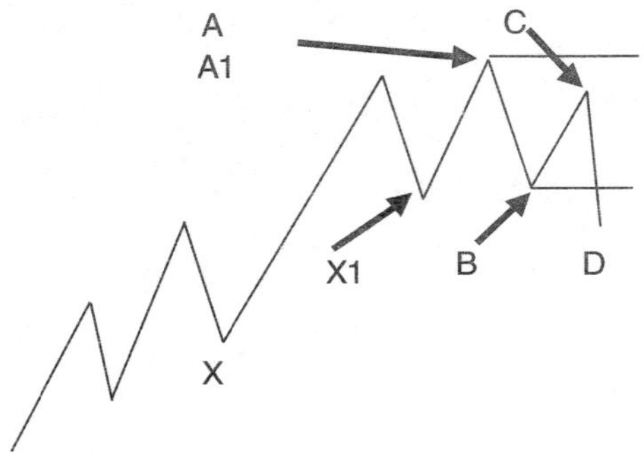

图 2.12 趋势的正常变化：从牛市到熊市

正常模式的特点

C 点比 A 点低，C 点是比较低的最高价，之后，市场有三种走势：

- 市场进入振荡区间，在 B 点之上某个价格反转向上。我们把这点叫做 D 点，这样市场就在 A—B 之间横盘振荡。
- D 点在 B 点之下，没有形成新的下跌趋势。实际上，市场回到了振荡区间，这样新的边界就是 A—D。
- D 点在 B 点之下，且形成了全点计数。在这个过程中，会出现线变计数，市场会跌到 B 点之下，比最大范围还要低。市场的最低价越来越低，最高价越来越低，形成了下跌趋势。

一旦形成了全点计数，且市场跌到了 B 点之下，我们就认为趋势已经改变了，我们就要把多头策略改成空头策略。价格过滤器（线变计数和最大范围）会提前给出趋势改变的警告，并/或确认全点计数的质量。图 2.12 显示了从牛市到熊市的正常趋势变化。

在图 2.12 中，如果出现了全点计数，但没有出现线变计数和最大范围，这和出现线变和最大范围是大相径庭的。后者表明下跌趋势的动量很强，前者则表明有可能是假突破。也就是说，市场不会进入下跌趋势，会回到振荡区间。

图 2.13 显示了趋势从熊市到牛市的正常模式。

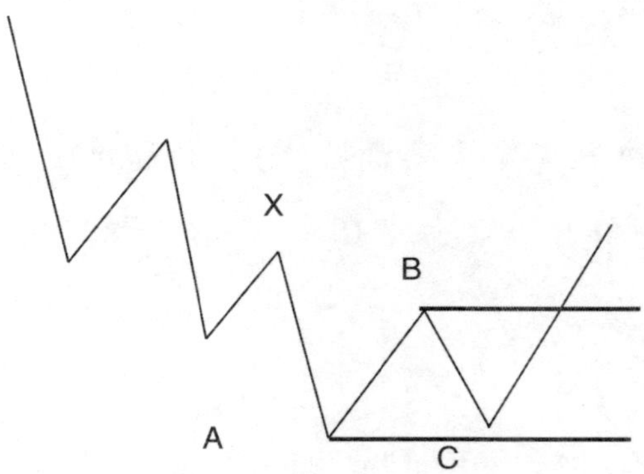

图 2.13　趋势的正常变化：从熊市到牛市

趋势改变中还有一个重要的元素，那就是从上涨趋势到下跌趋势中的主要买盘区域（Primary Buy Zones，PBZ）和从下跌趋势到上涨趋势中的主要卖盘区域（Primary Sell Zones，PSZ）。当上涨趋势变为下跌趋势时，主要买盘区域的上边界应该能守住任何突破测试。主要买盘区域是一个区域，这个区域包含了最低价，计算公式如下：

比较高的边界（主要买盘区域）：最低价+（A−B）/8。

故，“最低价B点”和“B+（A−B）/8”决定了主要买盘区域的范围。

市场向下突破，再反弹，应该在最低价和比较高的边界之间遇到阻力。

在从下跌趋势到上涨趋势的时候，主要卖盘区域的比较低的边界应该能守住向上的突破测试。主要卖盘区域是一个区域，这个区域包含了最高价，计算公式如下：

比较低的边界（主要卖盘区域）：最高价−（A−B）/8。

故，“最高价B点”和“B−（A−B）/8”决定了主要卖盘区域的范围。

市场向上突破后，再回调，应该在最高价（或最低价）和比较低的边界（比较高的边界）之间找到支撑。

另外，有一点很重要，我们再看看图2.12（重新画成了图2.14）。请注意 X_1 和X。假如说：

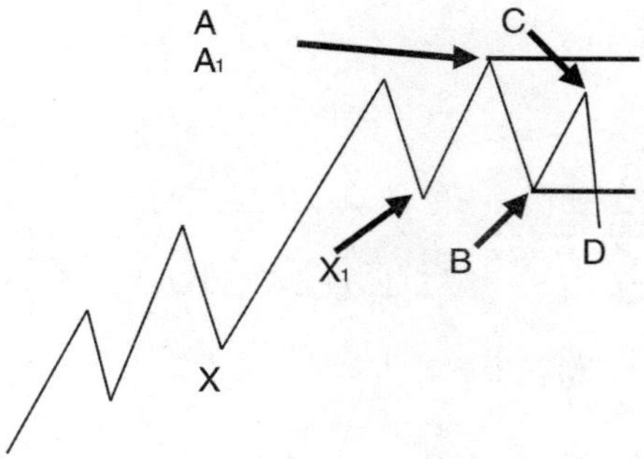

图 2.14　趋势的正常变化：从上涨趋势到下跌趋势

- 你不厌其烦地算出了推动浪均值。
- 你发现 X_1—A_1 不等于推动浪均值。故，你把底部从 X_1 移到了 X 并做计算，你发现 X—A_1 之间价差至少是推动浪均值。A_1 现在变成了 A，故计算 X—A_1 的最大范围就是计算 X—A 的最大范围。不要被这种重新标记的方法昏了头，A 和 A_1 是同样的最高价。我只是把 A 点的说法改变了而已，让 A 对应 X。
- 举例说明：A_1 是 1000，X_1—A_1 是 100 点。如果推动浪均值就是 100 点，那么最大范围就是 100+1000＝1100。然而，我已经说了推动浪均值并非是 100 点，故我们要计算 X—A_1 的价差，结果发现价差是 600 点——这是推动浪均值。A_1 加上 60 点就是最大范围 1000+60＝1060。我们现在把 X—A_1 重新标记为 X—A。

当我们考虑下一个模式：反弹/上冲时，这种区别是很重要的。

反弹/上冲模式

在趋势变化中，有25%的机会可能出现这个模式。在三个模式中，这个模式是最可靠的；实际上，这个模式太可靠了，我认为市场在回到A点之后，至少会跌到B点。更重要的是，我们认为它不但要回到B点，市场还会改变趋势。

虽然理查德·威科夫用不同的名词来确认从上涨趋势到下跌趋势的变化（上冲）和从下跌趋势到上涨趋势（反弹），但是关键特点都是一样的。

反弹/上冲模式的特点

C点波动到了A点之外，至少大于最大范围——A—B的20%和X—A的10%中的较大值。然后市场又回到了振荡区间。我们知道主要买盘区域在最低价和“最低价+（A-B）/8”之间，主要卖盘区域在最高价和“最高价-（A-B）/8”之间。换句话说，在上冲模式中，当市场到了“最高价-（A-B）/8”之下，这个模式就完成了；在反弹模式中，当市场到了“最低价+（A-B）/8”之上，这个模式就完成了。

请看图2.15中的上冲。

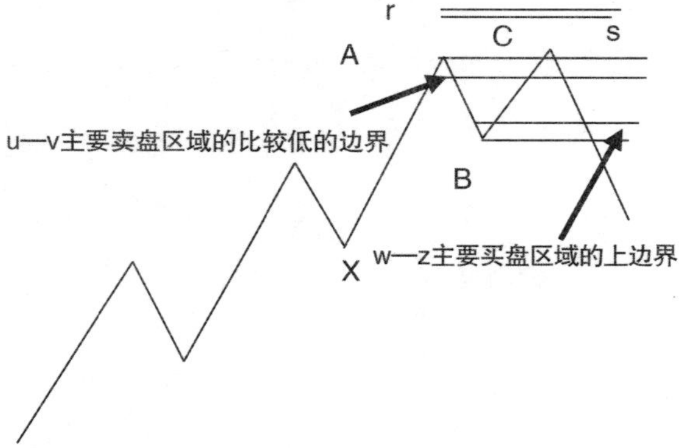

图2.15　上冲模式

在图 2.15 中，C 超过了 A 点，但不到最大范围，线 r—s（线 r 和线 s）代表了最大范围。当这个模式发生的时候，我坚持认为 C 必须在最大范围之内，这样价格波动才能形成一个上冲或反弹。简而言之：价格可以到达最大范围，但不能超过最大范围。

市场然后回到了振荡区间并跌到了主要卖盘区域的比较低的边界。在图 2.15 中，u—v 代表了主要卖盘区域的比较低的边界——也就是 A-（A-B）/8。

一旦市场到了主要卖盘区域的比较低的边界，我们可以期待市场会到达主要买盘区域。在图 2.15 中，w—z 代表了主要买盘区域的上边界。然而，一旦市场到了主要卖盘区域之下，那么就有可能会改变趋势，价格会跌到 B 之下。

图 2.16 显示了一个反弹和上冲是相反的。

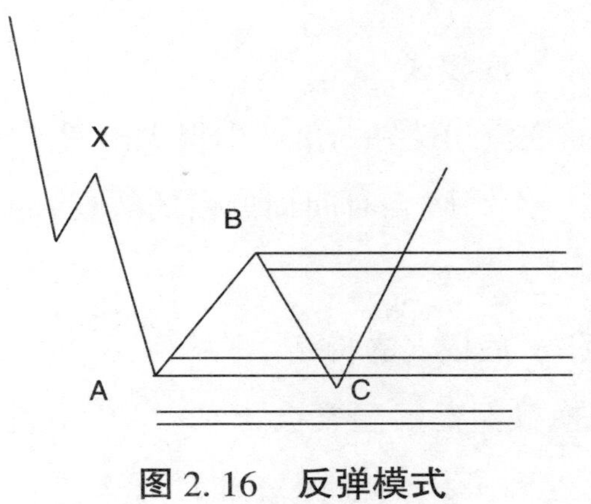

图 2.16　反弹模式

对于这个模式，重要的区域是，从上涨趋势到下跌趋势中的主要买盘区域和从下跌趋势到上涨趋势中的主要卖盘区域。

当市场从上涨趋势变成下跌趋势的时候，为了完成这个模式，市场需要跌到主要卖盘区域的比较低的边界之下——用以下公式计算这个区域：

最高价-（A-B）/8

当市场从下跌趋势变成上涨趋势的时候，为了完成这个模式，市场需要涨到主要卖盘区域的上边界之上——用以下公式计算这个区域：

最低价+（A-B）/8

反弹/上冲是趋势中的第二种缓慢变化。最后一种是“V”形态。

V 顶模式和 V 底模式

这两个模式在流动性好的市场中很少出现。这两个事件——“V”形态和第一个高级别时间周期内的线变——只有 15%的机会可能发生。

V 顶模式和 V 底模式的特点

特别长的横盘振荡后通常会出现“V”形态。对于这条规则：如果市场走到了最大范围之外，那么可以认为趋势会继续下去，这两个模式是例外情况。在“V”模式中，市场会走到最大范围之外很远的价格——然后令人吃惊地——突破了 B 点！

“V”形态的事件顺序是独特的。图 2. 17 到图 2. 19 显示了这个顺序。在图 2. 17 中，到了 C 点这个最高价之后，市场向下突破了 B，然后通常会（并非必要）形成全点计数。

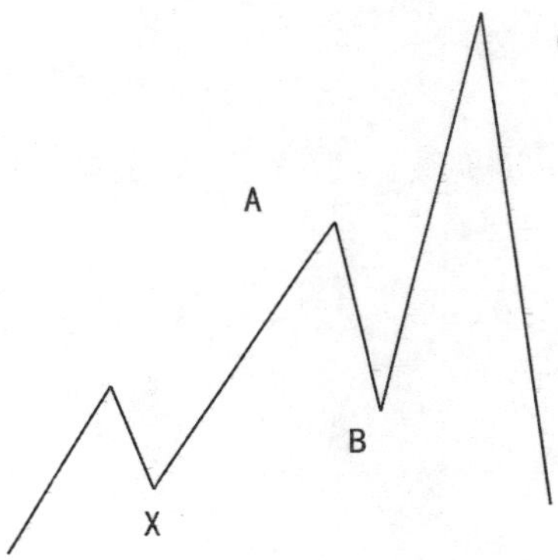

图 2. 17　V 顶模式：向下突破 B

在图 2. 18 中，如果趋势要改变，市场要么会涨到 A—B 的 50%之处，要么会涨到 A 点的主要卖盘区域。在此点，C 变成了 A，新的最低价变成了 B——当市场在 A—B（旧的）50%之处，或 A—B（旧的）的主要卖盘区域遇到了阻力时，市场会转而向下——那么新的反弹最高价就被重新标记成了 C（C 点没有在图 2. 18 中显示出来，但是在图 2. 19 中显示出来了）。

在图 2. 18 中，我们看见上涨趋势在旧的 A 点的主要卖盘区域停止了上涨（图 2. 17 中的 A 点被重新标记为图 2. 18 中“旧的 A 点”）。

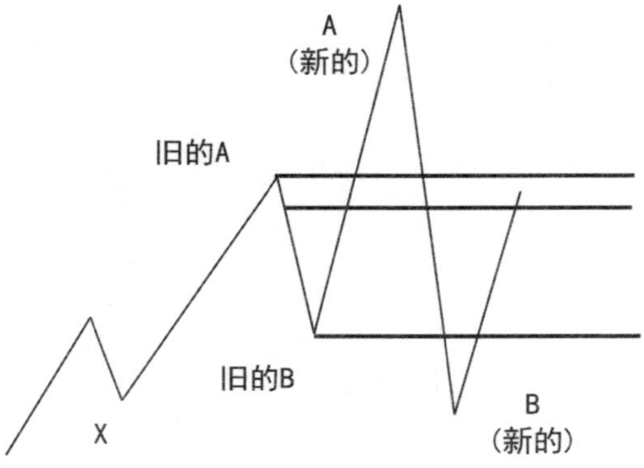

图 2. 18　V 顶模式：重新进入之前的修正区间

最后，我们在图 2. 19 中看见了新的下跌趋势正在形成。

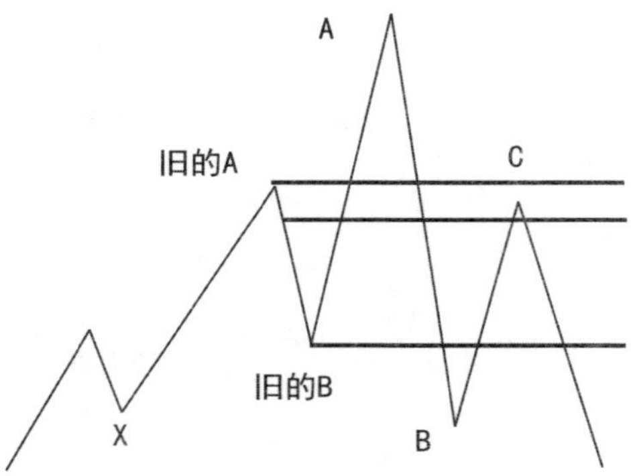

图 2. 19　V 顶模式：新的下跌趋势刚开始

上面所说的走势，偶尔不会出现。实际上，市场并不会在 B 之下暂停，市场会跌到 X 点之下。一旦如此，“V”形态就是“正常”的趋势改变。这意味着一旦市场到了 X 点之下，我们就可以认为趋势改变了，我们就要根据新的趋势采用新的策略。

V 底和 V 顶是对称的。图 2.20 显示了这个模式。

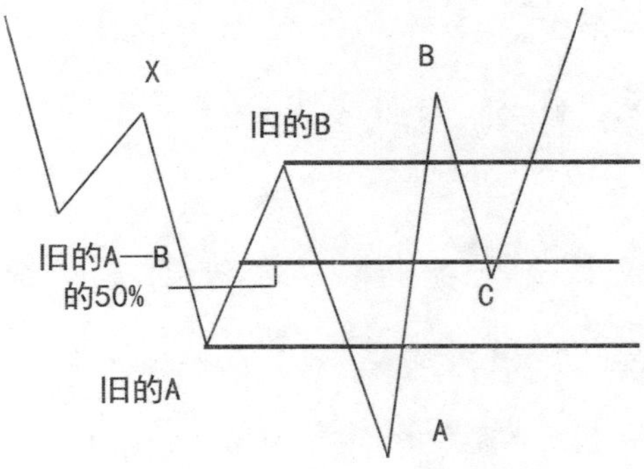

图 2.20　V 底模式

现在开始讨论出现了 V 顶或 V 底后，哪些迹象会表明趋势不会改变。

什么样的迹象能告诉我们 V 顶—V 底并不会导致趋势改变？在新的 B 点之后会发生关键的走势。我们知道新的 C 点要么出现在旧的 A—B 的 50%之处，要么出现在旧的 A—B 的主要区域。一旦市场超过了旧的主要区域，那么市场就会在新的 A—B 之间振荡，或者原来的趋势会持续下去。

根据图 2.19 展示的环境，上涨趋势会持续下去；根据图 2.20 展示的环境，下跌趋势会持续下去。要想确定市场是进入振荡区间，还是趋势会持续下去，我们要在第一个或第二个高级别的时间周期内检查趋势和趋势的位置。

在本模式中，重要的区域是旧的 A—B 的主要区域和旧的 A—B 的 50%区域。

缓慢变化的总结

- 趋势改变时，这三个模式出现的概率是92%。剩下来8%的变化在第一个高级别的时间周期中通过线变能看出来。换句话说，在8%的时间里，这三个模式无法判断趋势的改变。
- 每个模式都有自身的特点，交易者必须学会融会贯通。这些特点包括模式的形成方式和适用区域。
- 在反弹或上冲模式中，当市场回到了A点所在的价格并走到了主要区域之外时，我们就认为趋势改变了。
- 在V顶或V底模式中，如果市场守住了旧的A—B的50%的回撤，或旧的A—B的主要区域，我们就认为趋势改变了。
- 在正常模式中，满足以下条件时，我们就认为趋势改变了，价格到了B点之外，且（按照重要程度的先后顺序）：

☆ 形成了全点计数。

☆ 形成了“评分为+3的线变计数”。

☆ 市场的价格在最大范围之外。

本章剩下来的内容谈论“特殊”的趋势改变模式。通常，这些特殊的模式最终会形成正常模式。然而，通过确认特殊模式，我们可以在市场走到B点以外之前预测到趋势的改变。第一个特殊模式叫预测模式。

预测模式

预测模式发生在第一个低级别的时间周期内，但是可以预测到交易者的时间周期内的趋势改变。它们在向交易者/投资者发出警告，告诉他们要改变自己的策略了。图 2. 21 说明了这个思路，所使用的预测模式叫倾斜终结三角形。

在图 2. 21 中：

- 18 天波动被标记为 X、A、B 和 C。
- 5 天波动被标记为 X、a、b、c、d 和 e。
- 我在倾斜终结三角形的最高价和最低价画了趋势线。
- 我在 A 和 B 点画了水平线，以标记 18 天振荡区间的边界。

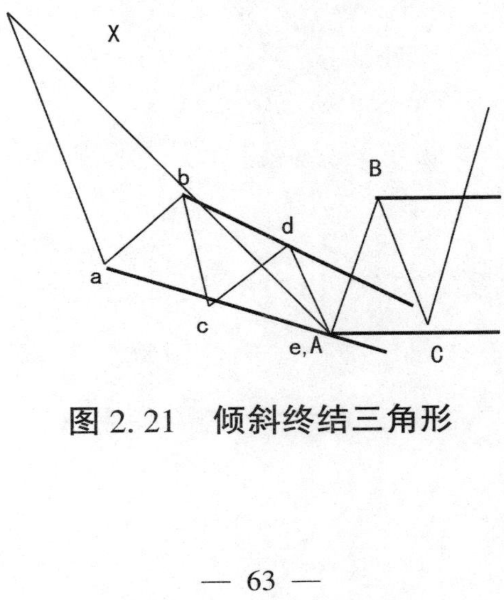

图 2. 21　倾斜终结三角形

请注意，在本例中，预测模式在 e 点结束，18 天下跌趋势在 A 点结束，这两个点是同一个价格水平。在 B 点本可以做空的，但是倾斜终结三角形警告我们：市场很有可能是上涨的，不能做空。

图 2.21 显示了一个“深 C”，这并非是倾斜终结三角形的必要特点。

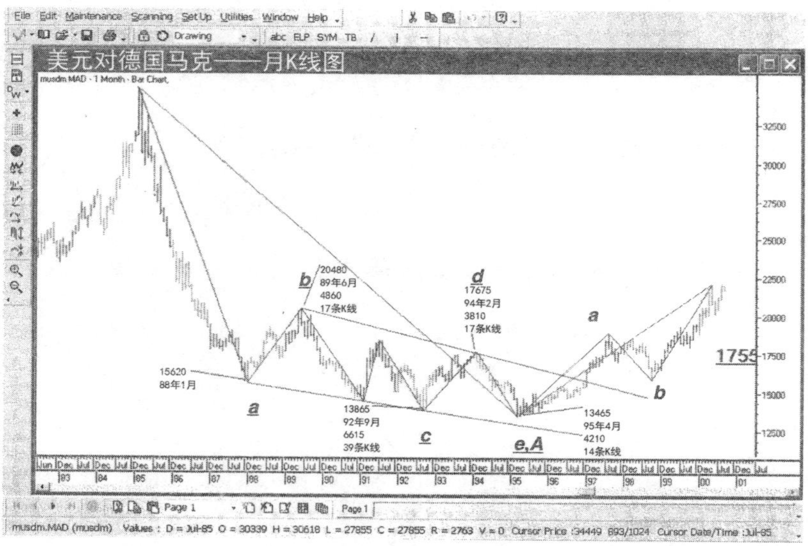

来源：市场分析者公司授权

图 2.22　美元对马克，12 个月的倾斜终结三角形

让我们看看图 2.22 中实时的例子。这张图显示了美元对马克的 12 个月和 30 个月的波动。由于流动性不够充足，现在欧元对美元这个货币对取代了美元对马克，但是这张图还是有一定指导意义的。

请注意12个月的倾斜终结三角形发出了警告，认为在1995年的最低价，e和A点30个月的波动会发生趋势改变。市场12个月的趋势的变化是正常的，从下跌变成了上涨。30个月的线变也改变了12个月的趋势。

对于12个月的趋势来说，第二个a—b的回撤比较浅。但是对于倾斜终结三角形来说，我们可以认为从第二个a开始的波动是12月的横盘振荡的开始，或是30个月下跌趋势的开始。倾斜终结三角形让我们认为趋势会改变，并在第二个b点准备好市场的上涨。

预测模式并不会经常发生，无论如何，学会这个模式是有好处的。

预测模式有两种：

- 水平的。
- 三角形的。

水平模式

水平模式有两种，一种是水平终结，一种是水平复杂终结。我们先看看水平终结。

水平终结

市场在水平终结之前是横盘振荡的，从某种程度上说，水平终结是复杂的横盘振荡市场。这意味着，在水平终结中，振荡区间是有边界的。如果我们不能画出水平的趋势线，那么我们就不能说这是水平模式。图 2.23 是水平终结的例子。

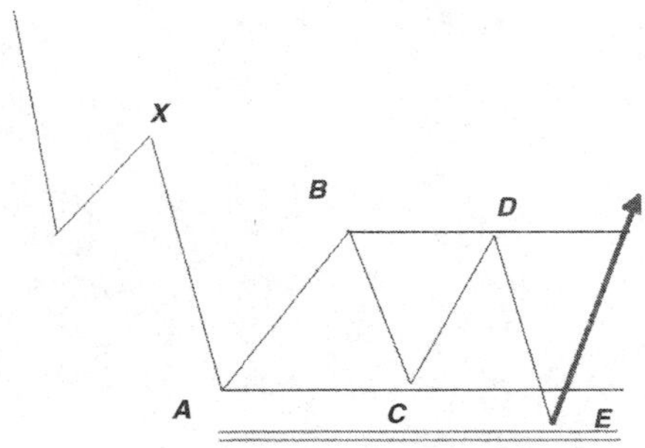

图 2.23　水平终结

水平终结有以下特点：

- A—B 是振荡区间的边界。
- A 和 C 下面的线条代表了最大范围。
- C 回撤到 A—B 的 90%到 100%之间。E 跌到 A 和 C 之下，但是 E 还是在最大范围之上。
- 在 E 点没有形成全点计数。
- 总体而言，D 在 B 的下面。当 D 在 B 的上面时，通常也在最大范围之内。D 必须是 B—C 的 78.6%。

请特别注意几点：

- B 和 D，A 和 C 几乎在同一个价格水平。
- C 回撤到 A—B 的 90%到 100%处。

- E 下跌到 A 和 C 的下面。

让我们再看看图 2.24 中另外一个实时的例子。

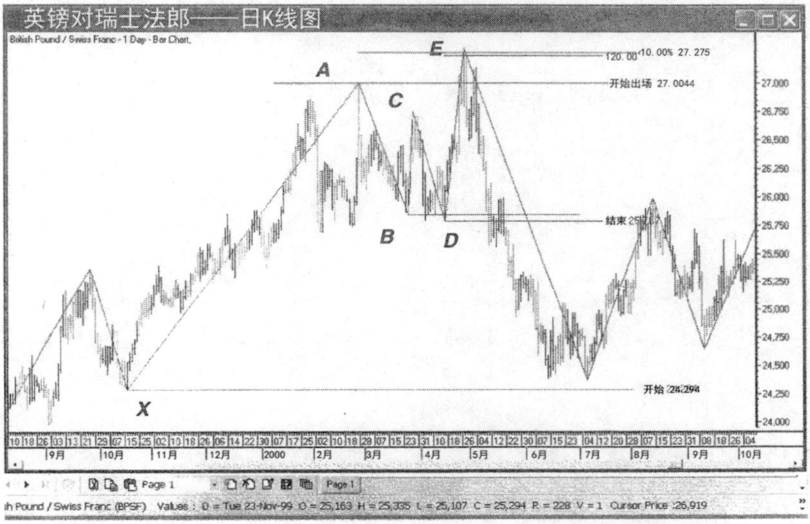

来源：市场分析者公司授权

图 2.24　英镑对瑞士法郎，日线图，水平终结

请看英镑对瑞士法郎这个货币对的 18 天波动。请注意这个实时案例和理想状态有些出入：

- C 符合 78.60%的要求。
- D 在 B 下面一点点。
- E 在最大范围之上一点点，市场然后下跌。
- 振荡区间的边界是 A—D，不是通常的 A—B。

这个例子说明了历史永远不会简单地重复。故，不要指望市场会出现理想的模式，通常，市场的模式都和理想模式有出入。无论是哪种模式，我们要确认的是关键元素。对于水平终结，关键元素是：

- 市场是横盘振荡的，A—B 之后 C 点会大幅回撤，E 点在 A 和 C 之外。
- 市场想突破振荡区间，但失败了。

其他的明显特征作为工具可以帮助我们确认模式的形成。

现在讨论复杂的水平终结。

复杂的水平终结

复杂的水平终结是水平终结的变化形式。两者的区别在于 C 相对于 A—B 的回撤。在复杂的水平终结中，C 相对于 A—B 的回撤小于 90%（然而，必须≥78.6%）。因为回撤到了很浅的价格水平，E 点：

- 要么下跌到 A 之下，但在 C 之上。
- 要么下跌到 A 和 C 之下。

和水平终结相比，E 是同样的关键元素，因此，它的突出特点是：

- C 相对于 A/B 的回撤小于 90%，且大于等于 78.6%。
- E 要么回撤到 A 点之下，C 点之上，要么回撤到 A 和 C 的下面。
- E 点在模式的极端价格之处，但不到最大范围。
- 在 E 点并不会形成全点计数。
- 通常，D 在 B 之下，如果 D 在 B 之上，通常不会超过 A—B的 20%。D 至少是 B—C 的 78.6%。

图 2.25 中是理想的复杂水平终结，这个模式在警告我们，趋势会从下跌变成上涨。

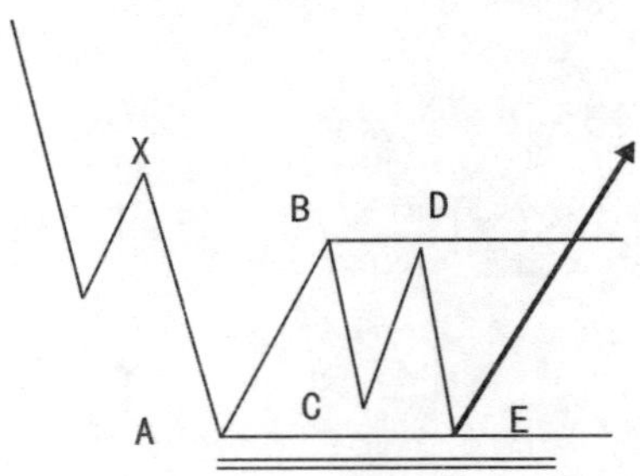

图 2.25　复杂的水平终结

我们已经讨论了水平模式，现在讨论三角形终结。

三角形终结

三角形终结有两种：倾斜终结和扩展终结。

倾斜终结

倾斜终结有以下特点：

- 不能把倾斜终结和趋势的三角形变化混淆了。在倾斜终结中，如果趋势是下跌的，顶点是向下倾斜的；如果趋势是上涨的，顶点是向上倾斜的。
- A—B 和 C—D 之间是时间对称的。当 A—B 和 C—D 的波动时间差有 20%时，就会发生时间对称。举例说明，如果 A—B 用了 10 个交易日，C—D 所使用的时间必须是 8 到 10 天。A—B 和 C—D 之间也许会出现干扰波动，但这种波动在时间上是不对称的。
- 通过模式的最高价和最低价的趋势线会相交。
- 一旦形成了 E 点，就会出现和当前趋势相反的快速波动。

图 2. 26 是这个模式的理想状态；图 2. 27 是美元对德国马克的 12 个月的波动和 30 个月的波动。我们先讨论美元对德国马克图表中的倾斜终结。

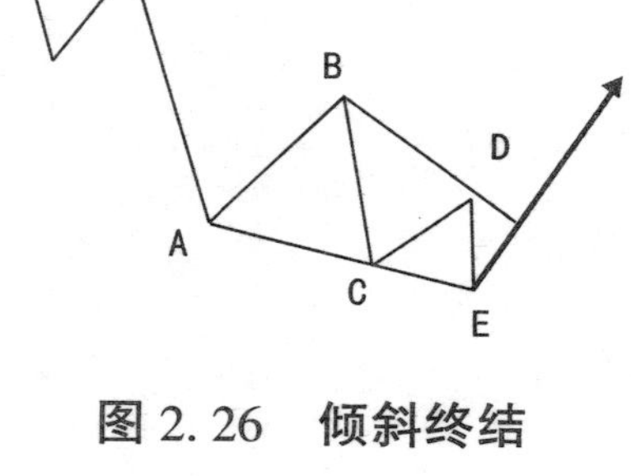

图 2. 26　倾斜终结

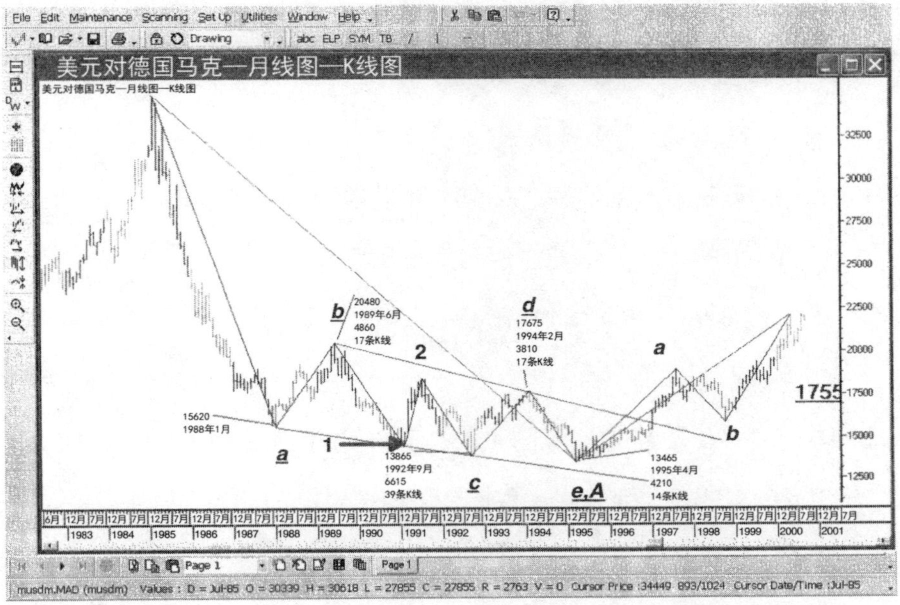

来源：市场分析者公司授权

图 2.27　美元对德国马克——月线图

请注意，在图 2.27 中，1—2 的波动和 a—b 的波动并非时间对称，请注意 c—d 符合时间对称。a—b 和 c—d 的非对称性波动并不会让这个模式失效。

如果 a—b 和 c—d 之间并不是时间对称的，那么就不是倾斜终结。另一方面，也许这是三波推动到顶—底，我迟点再讨论这个概念。

扩展终结

扩展终结有以下特点：

- 这个模式很少出现，除非你的交易管理做得很好，一般在C点时你的交易会亏损。因为在C点，市场会出现反弹/上冲，所以你的交易是亏损的。
- 在D点的突破确认了趋势会改变，但是市场随后就会猛烈地下跌到C点之下。作为规则，市场在猛烈地下跌到C点以下之后，又会回到振荡区间。
- C、D和E是新的极限价格水平，B、C、D和E的动量在增加。
- 在下跌趋势中，C在A之下，E在A和C之下，D在B之上。在上涨的趋势中，C在A之上，E在A和C之上，D在B之下。

图2.28显示了一个扩展终结底部。

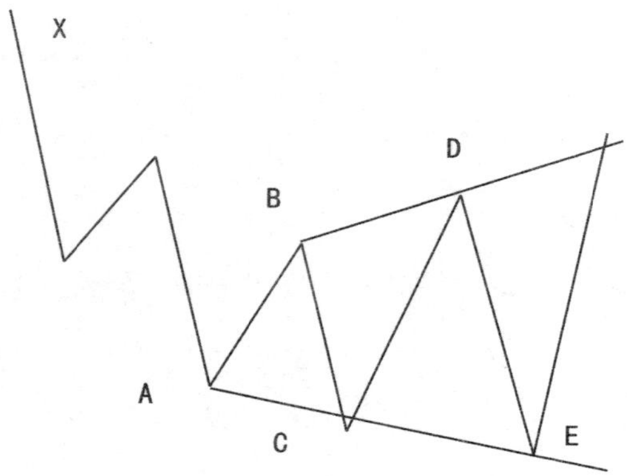

图2.28　扩展终结底部

预测模式的总结

- 预测模式发生在第一个低级别的时间周期里，能预警到交易者时间周期内的趋势改变。
- 预测模式有两种类型：水平形态——水平终结和复杂水平终结，三角形终结形态——倾斜终结和扩展终结。

预测模式讲完了，下面要讲的模式是三角形。

三角形变化

三角形和倾斜终结的区别在于顶点的方向。在三角形中，顶点指向某一边；在倾斜终结中，顶点的方向是趋势的方向。另外，三角形能指出交易者的时间周期内的趋势改变。

请把三角形想象成压缩模式，就像是压缩的弹簧。当弹簧最终弹开时，市场就会呈现强烈的方向性波动。

三角形的特点

理想状态下，对于这个模式，针对前一波波动的回撤都在 78.6%以内，这种理想的状态并不会常常发生。然而，有一个关键元素必须存在：E 相对于 D 的回撤必须小于 78.6%。

让我们再来看看图 2.29，这些特点很明显。

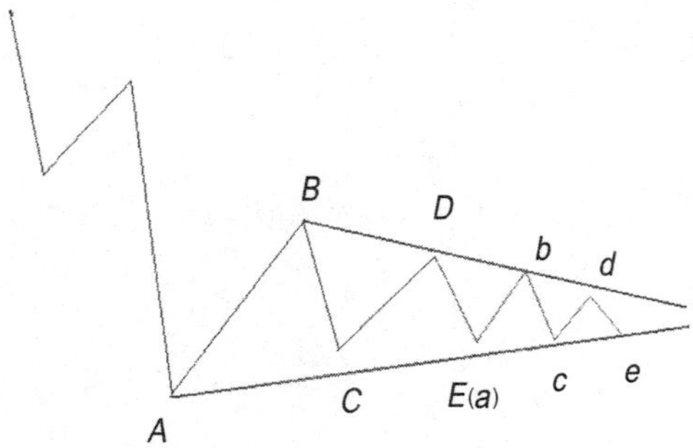

图 2.29　三角形变化

请注意：

- 有五个点：分别是 A、B、C、D 和 E。
- 最后的点 E 可以再次划分为五个点：a、b、c、d 和 e。如果这个三角形没有被再次划分，在图 2.29 中，E 就是 a，你就无法看见 b、c、d 和 e 了。
- 趋势改变所在的时间周期里会看到 A、B、C 和 D。E 通常会出现在第一个或第二个低级别时间周期里。
- 举例说明，如果 18 天中出现了三角形，那么 E 要么出现在 5 天中，要么出现在 3 天中。
- 如果把 E 细分为 a、b、c、d 和 e，那么 a、b、c 和 d 就不会出现在第一个或第二个低级别时间周期中，e 通常会出现在第二个低级别时间周期里。
- E 所在的交易日通常振幅不大，这样的交易日叫 DOJI（开盘价和收盘价差不多是同一个价格的交易日）或叫中性日（市场轮廓就相当于是DOJI）。简而言之，E所在的这个交易日，买家和卖家的力量处于平衡的状态。

- 在E点之后，我们可以期待出现某个方向为期2、3天的爆发性波动。如果这样的波动并没有出现，我们就不能认为趋势三角形发生了改变。

三角形改变的总结

对于趋势三角形的改变，要想做好交易，要注意两个关键点：

- 确定E点（如果E被细分了，那就是e）。实际上，如果买卖双方的力量在E所在的交易日是平衡的，那最好了。如果你相信三角形会改变，但是E所在的交易日买卖双方的力量并不平衡，那么就再把E细分。
- 确认E之后的交易日，这天应该是爆发性的，一般在E之后的2、3天都会是爆发性的波动。

再来谈最后一个模式——三波推动。

三波推动到顶或底模式

从某个角度来说，成功的上冲之后出现了一个“失败”的上冲就能构成三波推动到顶。从另一个角度来说，在一波波动结束之后，失败的R0也是三波推动。

三波推动到顶或底的特点

三波推动到顶有两种类型，比较常见的是：在上涨趋势中，最高价越来越高，最低价越来越高；在下跌趋势中，最低价越来越低，最高价越来越低。明显的特征是：

- C可以超过A—B的20%，但是C必须小于X—A的10%。同理，E可以超过C—D的20%，但是E必须小于X—C的10%（我习惯在图表上加上C—D的20%，但我主要关注X—C的10%）。
- 在A—B和C—D之间通常会出现时间对称。
- D会回撤到A—B的0.618到0.786之间。
- C会是A—B的1.27或1.618；E会是C—D的1.27或1.618。
- E点形成后，市场（向下）突破D点，开始形成全点计数。这种不常见的走势包含了以下元素：
  ☆ B—D几乎是水平的。
  ☆ C不到X—A的10%；E不到X—C的10%。
  ☆ 形成E点之后，市场（向下）突破B或D之后（以比较低的价格为准），全点计数就开始了。

图2.30显示了这两种类型：

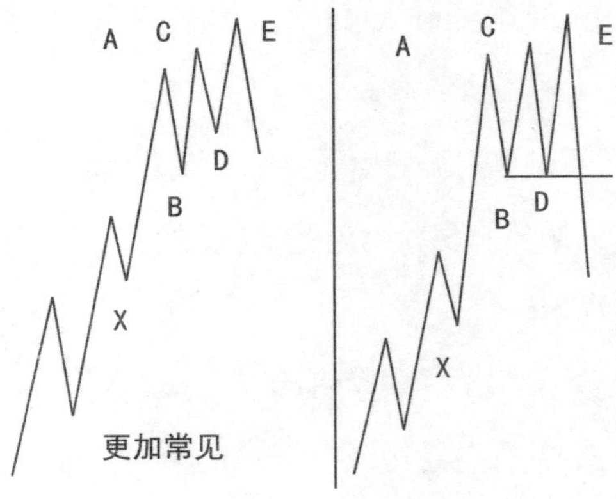

图 2.30　三波推到顶部模式

我们已经讨论了三波推到最高价/顶部，相反就是三波推到最低价/底部。

总结

下跌趋势就是最高价越来越低，最低价越来越低。如果趋势要从下跌变成上涨，那么最高价就要越来越高，最低价也要越来越高。我们在前面谈了那么多的关于趋势的变化，就是为了预测趋势的变化。

主要的预测趋势变化的工具就是模式，模式能预测波动从越来越高的最高价和越来越高的最低价到越来越低的最高价和越来越低的最低价——反之亦然。

有一条规则不变：对于任何趋势变化，在第一个高级别的时间周期里都能通过线变看出来。缺点就是线变落后于其他模式出现信号。

下面开始讨论缓慢变化。只要趋势有变化，其中一个模式就会常常出现。

其他模式——预测、三角形和三波推动——出现的频率不高，作为交易者，我们必须知道这些模式，一旦它们出现了，我们就要能认出这些模式。

我们已经讨论了横盘振荡和趋势的改变，请思考这个问题：横盘振荡和趋势改变有什么区别？

第一个区别是：横盘振荡的市场不能下跌到上涨趋势中的最低价，一旦市场跌到了最低价以下，我就认为目前的修正行为是第一个高级别时间周期内的部分修正行为。如果上涨趋势持续下去，我就认为交易者时间周期内开始了新的推动浪，我就把回撤的最低价作为新趋势的开始点。

在图 2.31 中，X、a、b、c、d、e 和 f 代表了 5 天波动，X、A 和 B 代表了 18 天波动。在 f 点之前，5 天的趋势是上涨趋势，之前的推动浪在 a 就结束了。在 f 点，因为市场的价格下跌到了 d 点之下——也就是说，5 天的上涨趋势结束了，新的趋势在 f 点开始了。

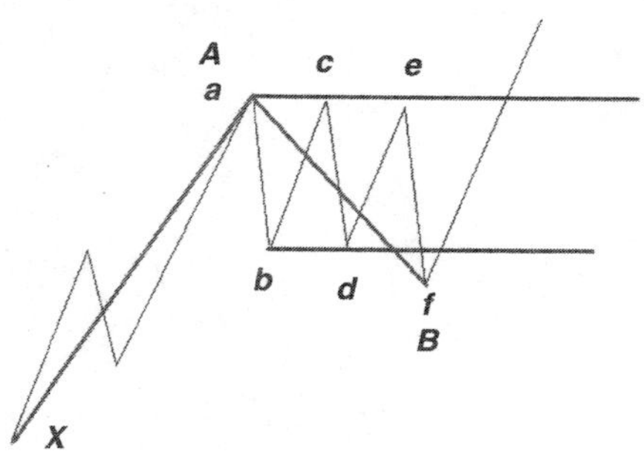

图 2.31　高级别时间周期内的修正

在下一章，我们将会谈到两个关键的概念：

- 不同时间周期的影响。
- 接受的思想。

第3章　接受，时间周期的功能和影响

在第1章和第2章，我们学会了如何确认趋势的改变。在第1章和第2章，接受某个价格水平的概念显得很重要。在本章，我们要研究这个思想，还要研究时间周期的功能和影响（请看图3.1）。

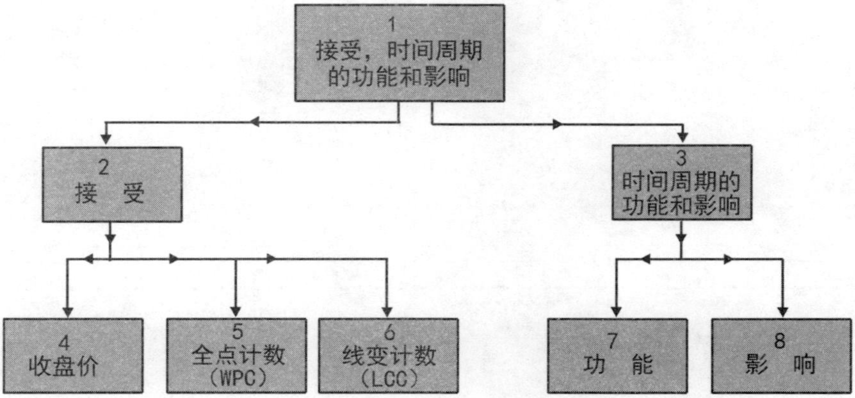

图3.1　第3章的导图

接受

概要

我从彼得·史泰米亚那里学到了：市场在某个价格水平的行为（拒绝或接受）比价格水平本身更重要，不过有一个例外情况。举例说明，在图 3.2 中显示的道琼斯工业平均指数的价格，请比较 8295 和 8500 这两个价格之间的价格。我已经用方框标记出来了。

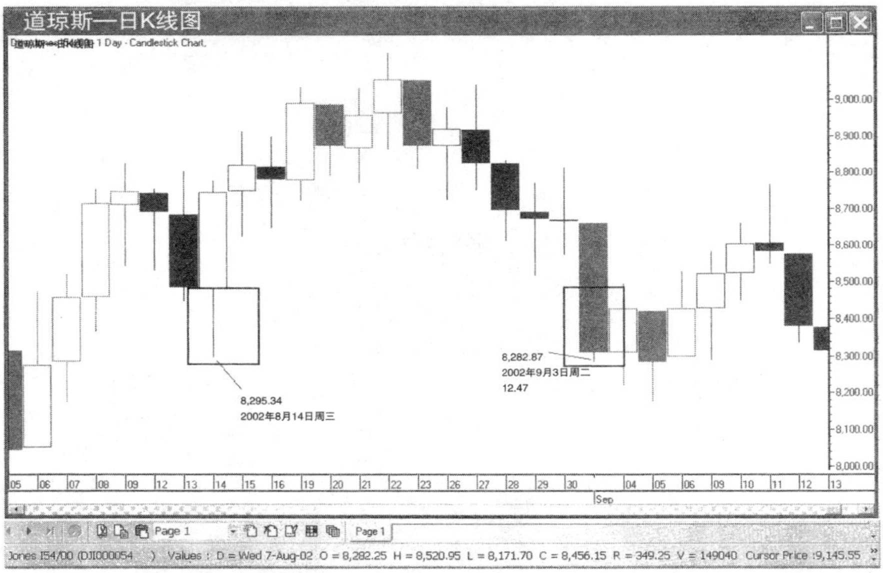

来源：市场分析者公司授权

图 3.2　道琼斯工业平均指数日线图

在这两个交易日，市场的价格都在 8295 到 8500 之间，但是这两个交易日完全不同。在 8 月 14 日，我认为市场拒绝了这个价格水平，而在 9 月 3 日，市场接受了这个价格水平。

也许你会问："两者之间有什么区别?"我会这样回答：在 8 月，我可以期望市场在第二天上涨——也就是说，最高价越来越高，最低价越来越高，收盘价更高（拒绝这个价格水平）；然而在 9 月，情况则相反——最高价会越来越低，最低价会越来越低，收盘价会更低（接受这个价格水平）。

我之所以这么说，是因为在 8 月，出现了很长的买入极限（用方框表示，原文是 a long buying extreme）。这里的极限是这样定义的，如果 K 线是阳线，那么开盘价和最低价的距离就是极限。在 9 月，这天的 K 线是阴线，买入极限很短——也就是说，因为市场的收盘价在最低价附近，所以收盘价和最低价的距离不大。简而言之，我使用的工具会检查开盘价和收盘价的关系，还会检查买入极限和卖出极限的大小关系。

收盘价和开盘价之间的距离能够告诉我们当天是买家赢了，还是卖家赢了：

- 开盘价在收盘价上面，空头赢了。
- 开盘价在收盘价下面，多头赢了。
- 开盘价和收盘价之间的距离大小说明了谁是赢家：距离越大，第二天的波动持续下去的可能性也就越大。
- 极端价格能够告诉我们多头或空头在当天输了多少。当开盘价小于收盘价（上涨）的时候，买入极限就是开盘

> 价和最低价之间的价差；卖出极限是收盘价和最高价之间的价差。当开盘价大于收盘价（下跌）的时候，买入极限就是收盘价和最低价之间的价差，卖出极限就是最高价和开盘价之间的价差。这些不同的价差能告诉我们多头或空头在当天输了多少：输的越少，第二天趋势持续下去的概率就越大。

这就是我为什么说市场拒绝或接受某个价格水平比市场到过这个价格水平还重要的原因。评估上涨趋势或下跌是否有变化则是例外情况。在评估的时候，如果市场跌到了之前的最低价下面，那么上涨趋势就结束了；如果市场上涨到了之前的最高价上面，那么下跌趋势就结束了。

和大多数事一样，事后比较好判断拒绝或接受。我们在事后分析时总会觉得赚钱很容易，我来解释一下这句话的意思。

在图 3.3 中，市场很明显拒绝了 3 月 12 日的最低价，然后强烈上涨。但是，3 月 12 日的拒绝和 6 月 6 日拒绝最高价之间有什么区别？在日线图中并没有什么不同：这两个交易日的开盘价和收盘价之间的价差基本一样的，且这两个拒绝极限都很强——也就是说，2003 年 3 月的开盘价和最低价之间的价差和 2003 年 6 月开盘价和最高价之间的价差基本是一样的。然而，在一种情况下，市场猛涨；在另一种情况下，市场仅仅在第二天下跌，然后又开始了上涨。

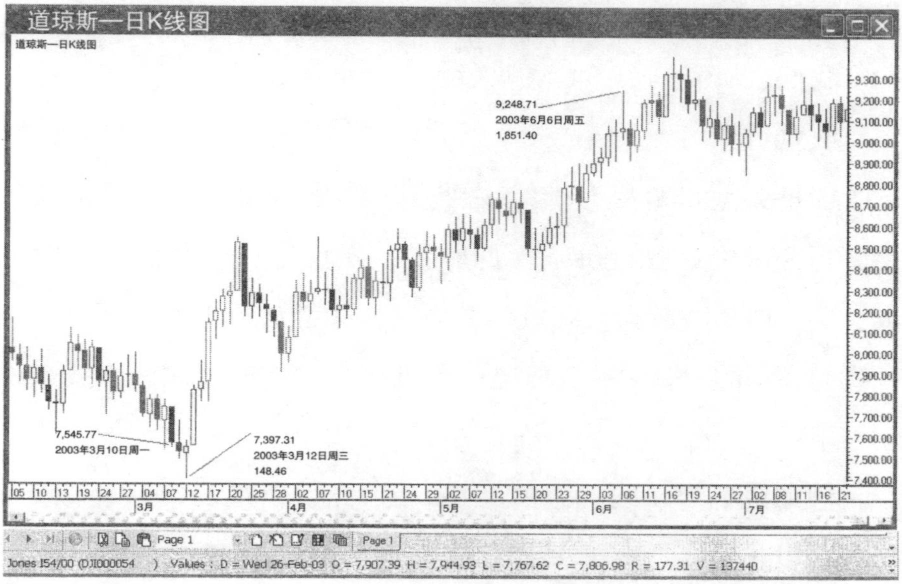

来源：市场分析者公司授权

图 3.3　道琼斯工业平均指数日线图

在本节，我们将会讨论一些对交易有用的差别和规则。

如何确认接受

我从史泰米亚那里学到了这些知识：每天的拒绝极端是第二天的唯一信号。要想判断一个价格水平是被拒绝了，还是被接受了，我们必须知道在这个价格水平的成交量。我们可以收集成交量的数字，并判断多大的成交量可能会导致拒绝，多大的成交量可能导致接受。

过去，有少数交易所提供实时的成交量信息，不过在几年前不再提供了。如今，我们可以借助一定的技术来体会史泰米亚思路的好处。对于没有实时数据的交易者，我发现约瑟夫·哈特的思路有用。

我们会研究三个工具：收盘价、全点计数和线变计数。

收盘价

衡量买盘和卖盘力量的主要方法就是开盘价和收盘价的价差。当开盘价在收盘价下面的时候，开盘价和收盘价的价差越大，买方的信心越大。我有一个规则，我喜欢开盘价不超过整个K线的底部的三分之一，收盘价不低于顶部的三分之一。我来说明一下：

假如说整个K线的振幅是100点，最低价是1500，最高价是1600，当开盘价不高于1533，收盘价不低于1567的时候，就有买方信心。

故，要想判断信心，第一个要求是：开盘价和收盘价的价差大。在阳线中，我希望看到：

- 开盘价尽量靠近最低价，收盘价尽量靠近最高价。
- 开盘价高于最低价的距离不超过振幅的三分之一。
- 收盘价低于最高价的距离不超过振幅的三分之一。

一旦满足了这些条件，市场在第二天就偏向于上涨。

我的第二个要求是：极限越大，买方或卖方的信心就越大。图3.4说明了买入极限和卖出极限（在K线中，就是下引线和上引线）。

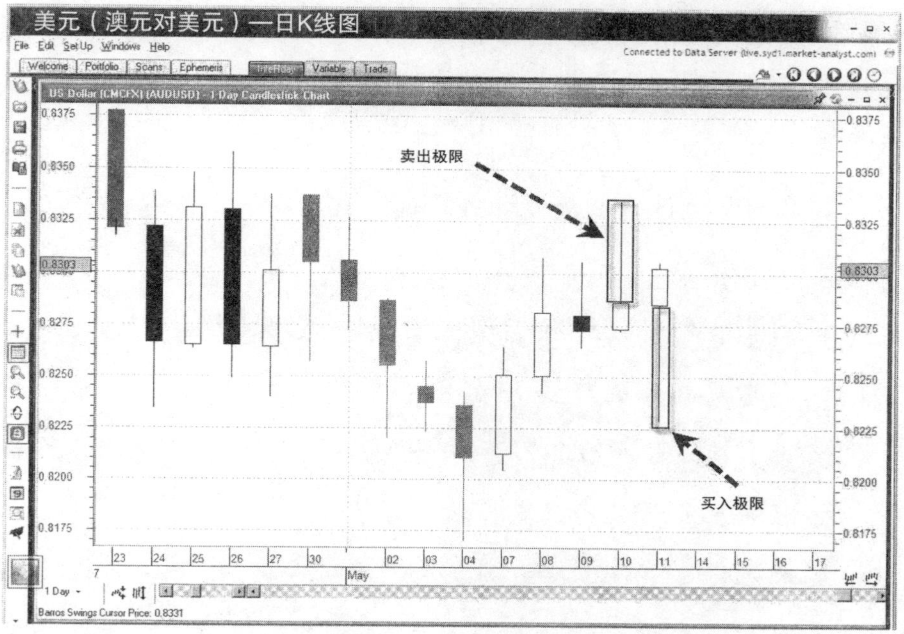

来源：市场分析者公司授权

图 3.4　澳元对美元日线图

用方框标示的区域就是买入极限和卖出极限。当开盘价和收盘价比较模棱两可的时候，我们就要从大局来判断买方或卖方的信心。对于图 3.4 中的“卖出极限”，我的分析如下：

- 开盘价在收盘价下面，价差不大——中性。
- 没有买入极限，很强的卖出极限——看空。
- 结论：“卖出极限”中的最高价将继续存在，这天的最低价会被向下突破的。这意味着市场会形成比较低的最高价和比较低的最低价。故，市场在第二天会下跌。

当连续两个收盘价显示出了买方信心或卖方信心，我认为这是接受。如果连续两个收盘价并没有显示出类似的信心，就没有接受。

在谈论全点计数和线变计数之前，我想问一个问题：

- 我们在交易时该使用哪个工具？要想回答这个问题，必须考虑具体的环境。举例说明，当环境要求确认最低价时，我就使用收盘价；当我更加需要确认接受时，我就使用全点计数和线变计数。
- 我在什么时候需要更高层次的确认？
- 同样，要根据具体的环境来回答这个问题。我用一个简单的问题来回答：
  - ☆ 对于18天的趋势改变，在什么情况下，低层次的确认就行了？答案是：当我顺着12个月的线方向和13周趋势方向交易时，18天趋势还在形成之中，我就需要更高层次的确认。故，当我的几个要求没有得到满足时，我就需要更高层次的确认。

全点计数（WPC）

在图3.5中，澳元对美元这个货币对在2001年4月6日开始了上涨趋势。在2002年2月，上涨趋势到了顶点。从这个最高价开始，市场开始横盘振荡，到了2007年3月，市场（向上）

突破了，突破点是 0.8002，这个价格是 2004 年 2 月创造的。图 3.6 是图 3.5 图的放大图，我要检查的是 2007 年 3 月的突破。问题是：

- 出现了全点计数吗？
- 出现了线变计数吗？
- 市场是否接受了最大范围？

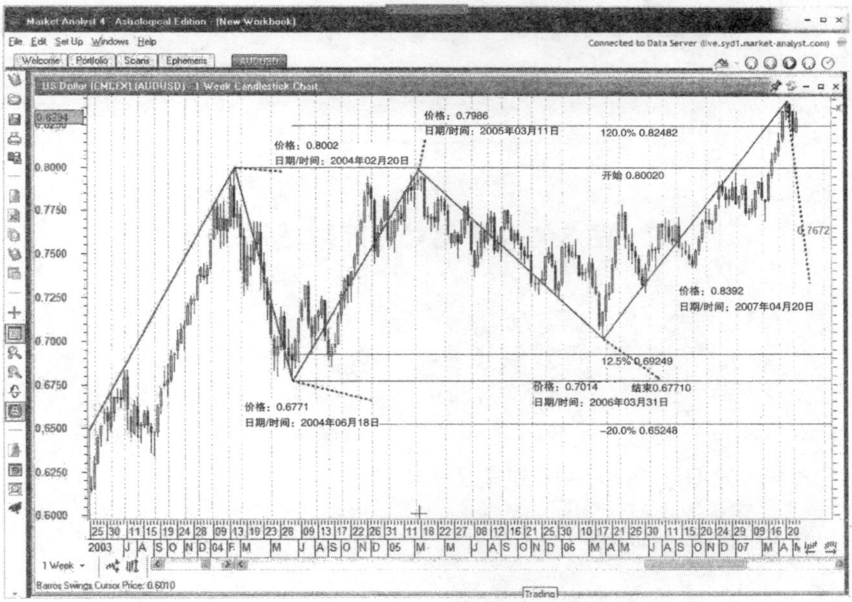

来源：市场分析者公司授权

图 3.5　澳元对美元周线图

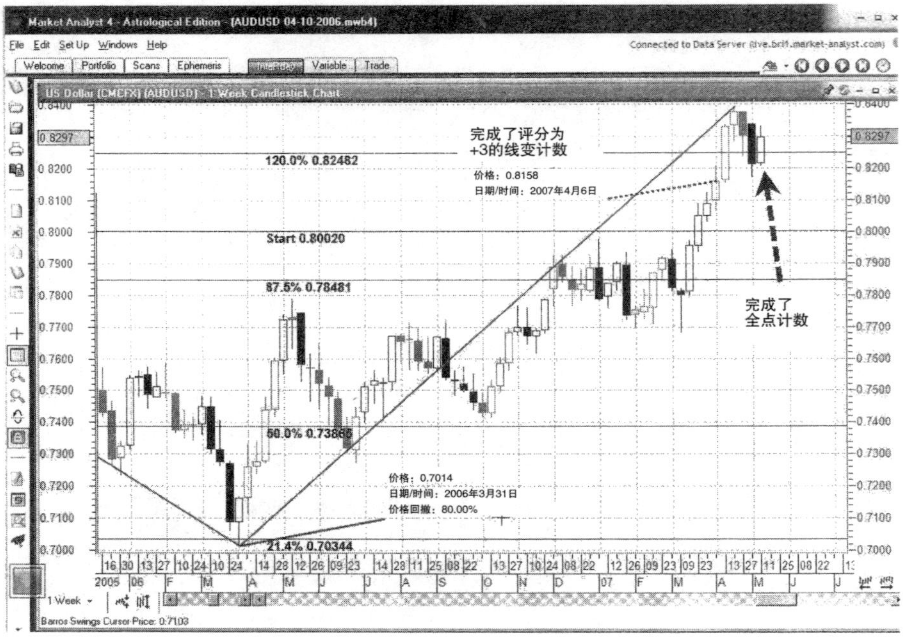

来源：市场分析者公司授权

图 3.6　澳元对美元周线图

在图 3.6 中，我们看到了：

- 突破日：2007 年 3 月 23 日。
- 突破点：0.8002。
- 全点计数完成的交易日。
- 线变计数完成的交易日；
- 市场接受了最大范围之上的价格（A—B 的 20%是 0.8248）。

全点计数是正常模式。正常情况下，市场会突破，再次测试突破点，在这个过程中会完成全点计数。市场由横盘振荡到上涨的变化过程中，在向上突破后，市场不能低于主要卖盘区域(0.7848)的最低边界，这点很重要。如果市场低于主要卖盘区域的最低边界，趋势的变化就变得扑朔迷离了。

这个正常的过程说明了为何我们不能因为完成了全点计数就要进行交易。正常情况下，在市场测试突破点的时候，计数就完成了。要想交易，交易者应该关注区域、触发条件、初始止损点和回报风险比。当市场再次测试后，它就给了我们最好的进场时机。

线变计数（LCC）

图 3.6 和 3.7 能让我们分析线变技术的形态。

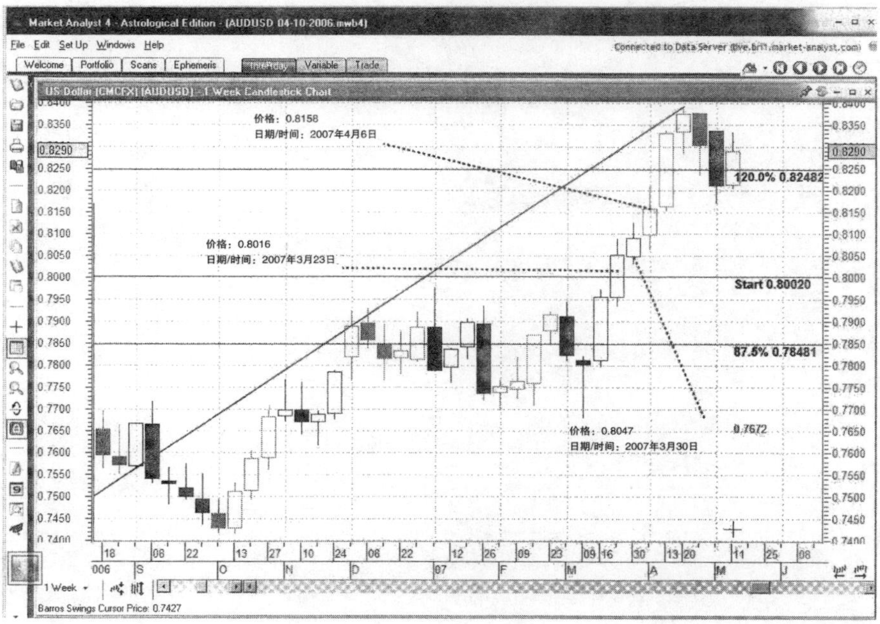

来源：市场分析者公司授权

图 3.7　澳元对美元周线图

在 3 月 23 日突破的这周，线变计数的数值是+1。在下一周，市场超过了第 1 周的最高价，现在线变计数的边界是第 2 周的最高价和第 1 周的最低价，线变计数的数值是+2。再下一周，市场突破了第 2 周的最高价，线变计数的数值是+3。

全点计数和线变计数可以帮助确定市场是否接受或拒绝了某个价格水平。相反，这个答案可以帮助回答这个问题：趋势和（或）线方向会持续下去，还是会改变？

当我们评估在交易者的时间周期内的趋势的本质的时候，我们就要谈到不同时间周期的功能和影响。

时间周期的功能和影响

表 3.1 从 18 天交易者的角度展现了几个时间周期。当我们考虑 18 天趋势的时候，我们需要检查 13 周（第一个高级别）和 12 个月（第二个高级别）这两个时间周期内的趋势的状态和本质。因为这些趋势，尤其是 13 周的趋势会影响 18 天趋势，所以我们要这么做。

表 3.1　时间周期的功能

12 个月的波动	13 周波动	18 天波动	5 天波动	1 天波动
第二个高级别的时间周期	第一个高级别的时间周期	交易者的时间周期	第一个低级别的时间周期	第二个低级别的时间周期
观察	观察	策略，初始止损点，进场区域	跟踪止损	模式、触发条件、初始止损点和跟踪止损

举例说明：如果 13 周和 12 个月都是 R2 模式，那么很可能 18 天会有 R2 模式的推动浪和随后的修正。另一方面，如果 12 个月的市场正在横盘振荡，是 R0 波动，那么 13 周的推动浪就会受到影响。如果 13 周的市场也是横盘振荡的，18 天推动浪的结构会比正常的要短。以此类推……正因为这个原因，我们在检查 18 天的趋势时，要考虑到 12 个月和 13 周的趋势。

还有另外一个原因能解释为何我们要检查 12 个月和 13 周的趋势。18 天和 5 天走势对高级别时间周期内支撑区和阻力区的反应会告诉我们阻力是否有效。

检查列表

对于不善于利用时间周期的交易者，下面的检查列表可以帮助他们提高效率。对于 18 天交易者来说，相关的时间周期和问题是：

12 个月：	线方向如何？
	持续下去，还是会改变？（这取决于 13 周和 18 天走势对 12 个月的支撑区和阻力区的反应情况）
	12 个月的支撑区和阻力区在哪里？（这些区域常常能提供成功交易所需要的关键信息）
13 周：	趋势方向如何？
	线方向如何？
	会持续下去，或会改变？（这取决于 18 天和 55 天走势对 13 周的支撑区和阻力区的反应情况）
	13 周的支撑区和阻力区在哪里？（没有 12 个月的那么重要，但是有重要的作用）

完成前两步之后，交易者就对风险有了很好的认识。以下是最低的风险范畴：

- 13 周趋势正在形成之中，趋势和 12 个月的趋势一致。
- 对于多头交易，12 个月的最低价在支撑区反弹了。关于“反弹”，我的意思是，13 周走势是一个全点计数，或在两周内给出了评分为+3 的线变计数。
- 理想状态下，13 周走势还给出了一个趋势反弹信号，这样就可以在 13 周下跌趋势结束的时候建立多头仓位，不必等到突破点附近建仓。

18 天：	趋势方向如何？
	线方向如何？
	会持续下去，还是会改变？（这取决于 18 天走势对 12 个月和 13 周区域的反应，还取决于 55 天对 13 周和 185 天支撑区和阻力区的反应）
	18 天的支撑区和阻力区在哪里？（没有 12 个月和 13 周的重要，但是有时候也能提供重要的信息）
	18 天的动量能表明趋势会持续下去或改变吗？
	趋势有可能会改变吗，有迹象吗？
5 天：	如果当前的线和 18 天趋势相反，可以像对 18 天趋势那样问问题。
	18 天的支撑区和阻力区在哪里？
	5 天的走势对它们做出了什么样的反应？我们在寻找能告诉我们 5 天推动浪即将结束的线索（18 天的修正浪和 5 天的推动浪是一样的）。
	5 天的动量能否表明 5 天的趋势会持续下去，或 5 天的线方向会改变？
	你是否看见很大的成交量和很大的振幅？（关于“很大的”，我指第三个标准偏差。这表明趋势即将改变，趋势的改变能提供证据）

在检查列表结束的时候，你就可以回答这些问题了：

1. 18 天的趋势方向如何？

2. 趋势会持续下去，还是会改变？

下一步是制订行动计划，以执行你的分析结果。

最后，你要问自己：市场如何走，才能表明我的分析是错的？这一步必要的工作能够防止自己目光短浅、防止你只看见了自己想看见的东西，没有看见市场正在发生的事情。

总结

在本章，我们考虑了接受的概念，并从收盘价、全点计数和线变计数的角度研究了这个概念。我们还考虑多时间周期下确定趋势的方法，和判断趋势/线方向是否改变的方法。最后，我们分析了一些检查列表，以帮助你更有效率地把握时机。

我在第 4 章会讨论衍生指标：

- 要么是根据价格波动产生的指标，但并非仅仅是根据价格波动产生的；
- 要么是情绪指标。

（这里有一个例外情况——我在第 4 章会谈到一个工具，这个工具叫市场轮廓高级预警工具，把这个工具和交易者维克托趋势线结合起来，我们就能预测到趋势的正常改变——也就是说，我们可以在 C 点建仓，而不是等待市场接受 B 点。）

巴罗斯波动、雷氏波动和市场轮廓是我们分析价格波动的工具。第 4 章谈到的指标来自价格波动——也就是说，这些指标取材自价格数据。正因为这个原因，我把它们作为次要工具。

第4章　衍生指标

概要

到目前为止，你已经知道了我把确认趋势、确认趋势的改变作为交易前期准备工作中最重要的部分。你还明白了，一个时间周期内的趋势改变只是更高一个级别时间周期内的修正行为。如果你是响应式交易者——上涨时，在回调处买入；下跌时，在反弹处卖出，那么这些特点对你就特别重要。

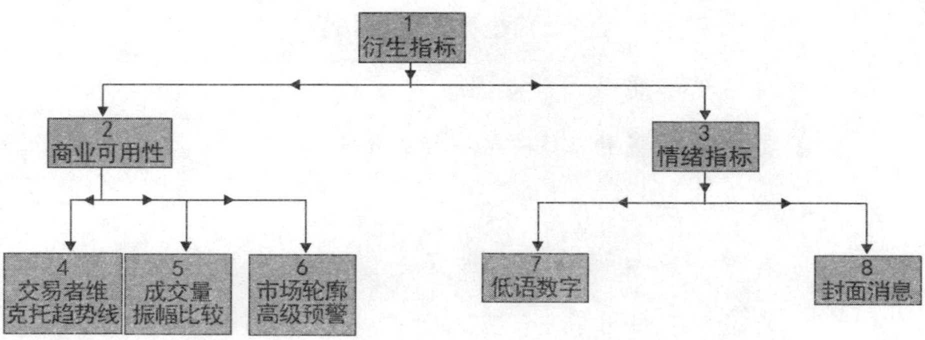

图4.1　第4章的导图

像韦尔德的RSI等衍生指标如何？我是否在使用这些指标？答案是“否”。我认为巴罗斯波动和趋势改变模式是我们的主要工具。本章讨论的工具是次要工具，这种区分很重要。

- 主要工具是交易的唯一原因。也就是说，主要工具能单独判断是否要进行一笔交易。
- 次要工具能增加成功的概率，但并不是交易的唯一原因。

比如，如果我看见了一个反弹，无论次要的工具是否支持，我都会执行这笔交易；如果只有次要工具支持，比如价值图的背离，那么就需要主要工具来帮助判断是否要进行交易。对于某笔交易，为了区分“正常风险”和“大于正常风险”，我需要多个次要工具来支持主要工具。

不同的工具可以这样分类：

- 在商业软件里面能看到的工具：
  ☆ 交易者维克托趋势线；
  ☆ 对比两个推动浪的成交量和振幅；
  ☆ 市场轮廓高级预警工具。
- 需要花钱购买的工具——情绪指标：
  ☆ 低语数字；
  ☆ 看涨一致（译者注：这是一家咨询服务公司和其指标的名字，并非指一致看涨）；
  ☆ 市场对流行期刊的封面报告的反应。

可以购买到的工具

交易者维克托趋势线

结构

趋势线的画法是很直接的。

- 在上涨趋势中：连接最最低价和最最高价之前的波动的最低价画一条线。在最高价之前，这条线不能穿过任何最低价。如果这条线穿过了其他波动的最低价，那么就换一个附近的最低价，让趋势线在最低价之下。
- 在下跌的趋势中：连接最最高价和最最低价之前的波动的最高价画一条线。在最最低价之前，这条线不能穿过任何最高价。如果这条先穿过了其他波动的最高价，那么就换一个附近的最高价，让趋势线在最高价之上。

我们来看看几个例子。

图 4.2 显示了正确的交易者维克托趋势线，这条线是“0—1”，“0—1”这条线一直在所有的最低价之下。请注意，X 和 D 是实际上的波动的最低价，但是我使用的是 0 和 1。如果把 X 和 D 作为最低价，我们来看看会如何。

图 4.3 中，在 X 点和在 D 点之后——几个最低价向下穿过了趋势线！实际上，你会发现，如果不从 0 和 1 点画线，从其他点画出来的趋势线都会穿过其他的最低价。在本例中，唯一正确的趋势线就是 0—1。

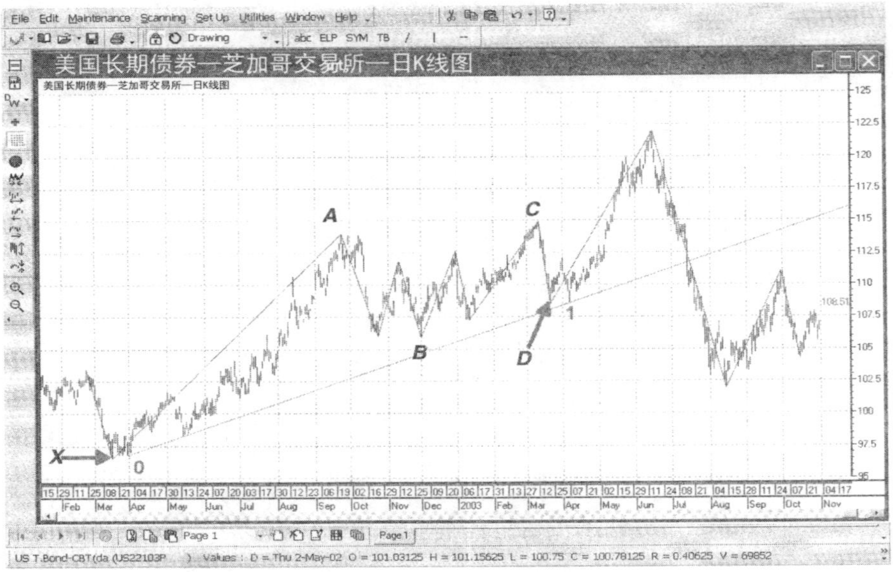

来源：市场分析者公司授权

图 4.2　美国 30 年期债券

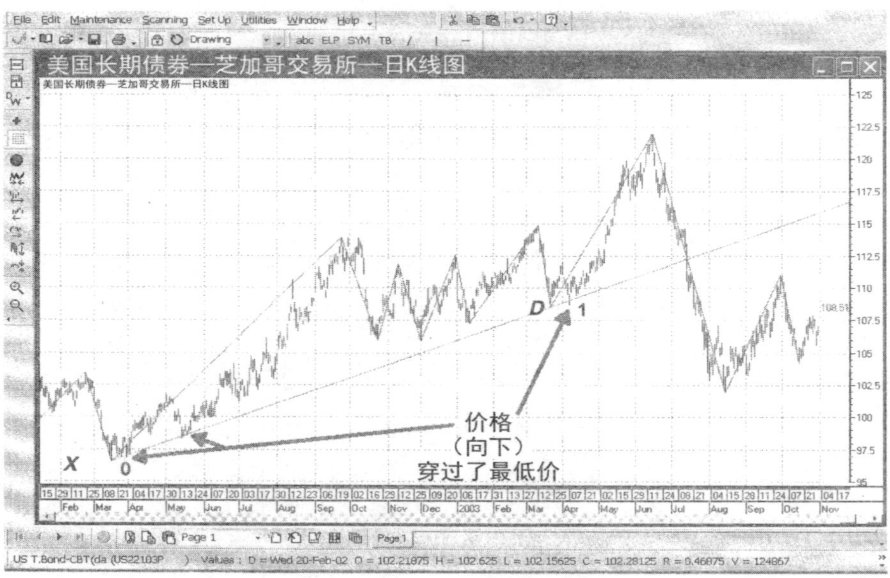

来源：市场分析者公司授权

图 4.3　美国 30 年期债券

应用

我同时使用交易者维克托趋势线和趋势的正常改变。

和市场没有穿过趋势线相比，趋势的正常改变再加上市场穿过了交易者维克托趋势线，这样改变的概率更大。实际上，如果交易者维克托趋势线被穿过了，我更愿意和振荡区间的极限价格反着做，而不是等待市场接受 B 点之上的价格再交易。要先提前于趋势的改变而交易，我的交易必须和 13 周趋势以及 12 个月的趋势线同步——也就是说，要和第一个和第二个高级别时间周期内的线方向一致。

举例说明，图 4.4 显示的是 13 周的巴罗斯波动和假想的未来价格波动情况。从这张图中，我们会得到以下结论：

来源：市场分析者公司授权

图 4.4　标准普尔周线图

- 市场形成了正常的趋势改变，从下跌变成上涨。
- 在2003年5月26日突破后，完成了全点计数和线变计数。
- 交易者维克托趋势线在5月20日被（向上）穿过了。

通过这些现实，我们可以得出结论：13周趋势是上涨的。

我们再深入分析，比如说：

- 12个月的线是向上的，目标是1455到1553。
- 我们相信当前的13周线方向会持续向上。
- 在A点，未来的某个点，13周线会转而向下。
- 在B点，18天形成了横盘振荡。现在的问题是，横盘的市场是否有可能会形成趋势的正常改变。简而言之，18天的横盘振荡会不会形成新的趋势？

在这个设想的例子中，在B点，12个月的线方向是向上的，13周趋势可能是上涨的，也有可能18天会发生趋势的正常改变。我想看看交易者维克托趋势线是否会被穿过，如果被穿过了，我准备在A—B的主要买盘区域买入。如果市场在穿过趋势线后并没有回到主要买盘区域，那么我就等出现了全点计数和线变计数再交易，或等出现了宽幅突破再交易。

总结

在判断修正结束和趋势结束的方面，交易者维克托趋势线很有用。请记住，交易者时间周期内修正的结束也就是第一个低级别时间周期内趋势的改变。故，如果你想知道18天的修正何时结束，那么你就要看5天的推动结构。

比较两个推动浪

这个技术能比较两个推动浪：

- 你想要比较两个推动结构；且
- 对于两个结构，第一个低级别时间周期中的最大波动至少是推动浪均值。如果两者都低于均值，我们就比较倒数第二个波动，假如说两个结构中的波动至少是推动浪均值；且
- 交易者时间周期和第一个高级别时间周期都是推动结构。(且指兼备下一条的条件)

图4.5说明了适合运用这个工具的场合。

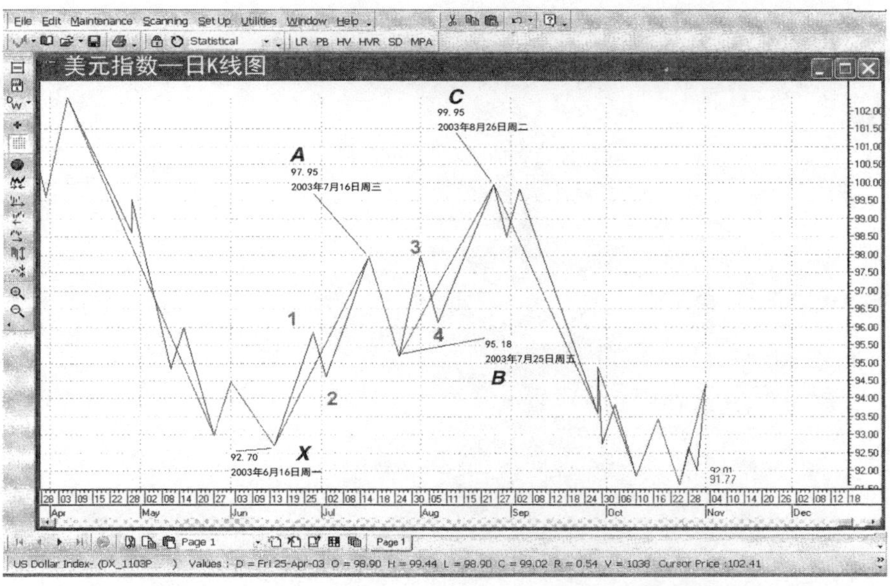

来源：市场分析者公司授权

图4.5　美元指数

在图4.5中，假如说我们想比较X—A和B—C。我们发现18天和5天都是推动模式，且2—A和4—C都至少是推动浪均值。相应地，我们可以使用这个技术。

图4.6是这个技术的应用案例。在图中，18天和5天都是推动结构。我们想比较18天的X—A和B—C。我们发现5天的3—4和19—20都小于推动浪均值。我们回到5天的1—A和17—18。我们发现1—A至少是推动浪均值，但17—18不是。因此，这个技术不能用来比较18天的X—A和B—C波动。

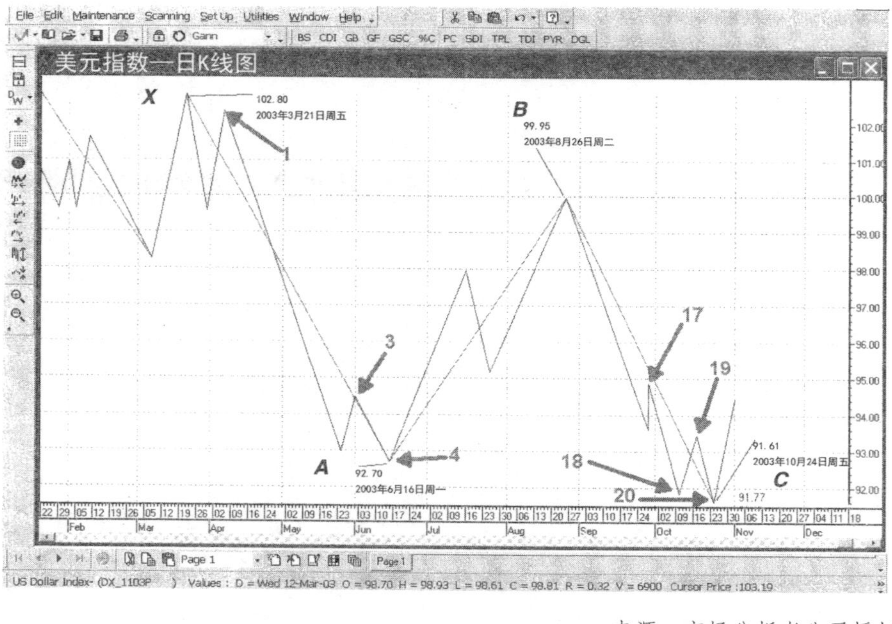

来源：市场分析者公司授权

图4.6　美元指数

应用

在使用这个技术的时候，有一个规则，那就是最后波动的动量要小于之前波动的动量。要使用这个规则，我们要单独考虑两个波动结构中的最后推动因素。如果第二个结构表现出来的是：

- 振幅明显地缩小，明显地缩量，或
- 明显放量，同时振幅明显地缩小，或
- 明显放量，同时振幅不变。

(或指3个条件中只需具备1个)

我们就说这是反转模式。“明显地”指增加或减少的幅度至少是30%。

让我们看一个例子。在图4.7中，我在3天波动的2—A和4—C旁边放了统计数字。我们发现两个波动的振幅和成交量都至少是推动浪均值。请注意，当成交量明显减少的时候，振幅则相对不变。

成交量：1074/1637=0.66（下跌超过了30%，因此是很明显的。)

振幅：629/555=1.33

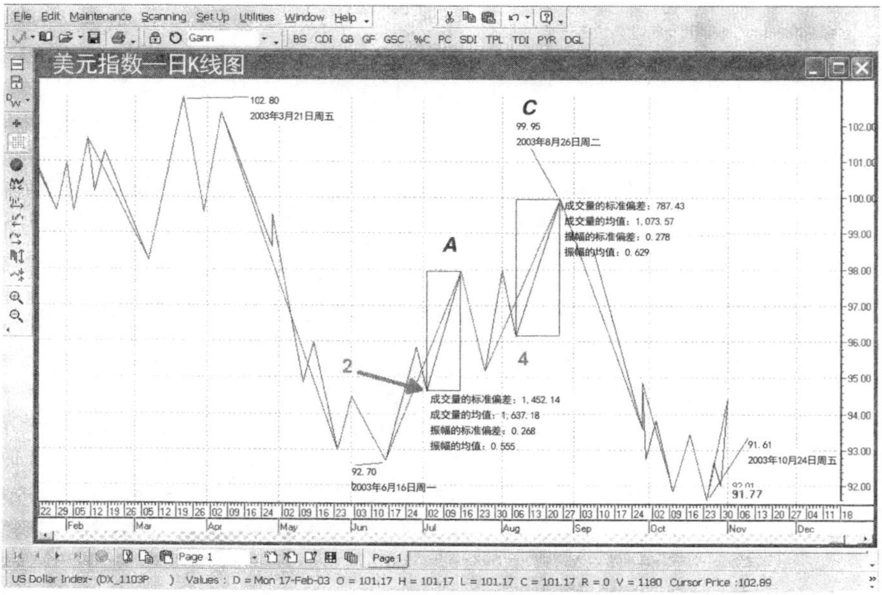

来源：市场分析者公司授权

图 4.7　美元指数

修正行为会持续下去，还是会结束，对于这点，这个技术只能得到模棱两可的结论。

总结

在市场状况符合应用条件的情况下，这个技术很有用。它在5浪结构中最常用，但是它的应用有限制性，在次要工具中是最没用的。

市场轮廓高级预警

市场轮廓是有用的技术，能警告我们，告诉我们市场会从横盘振荡开始正常的改变。

结构

要想形成横盘振荡的市场，首先要有趋势。图 4.8 显示了这种状况。

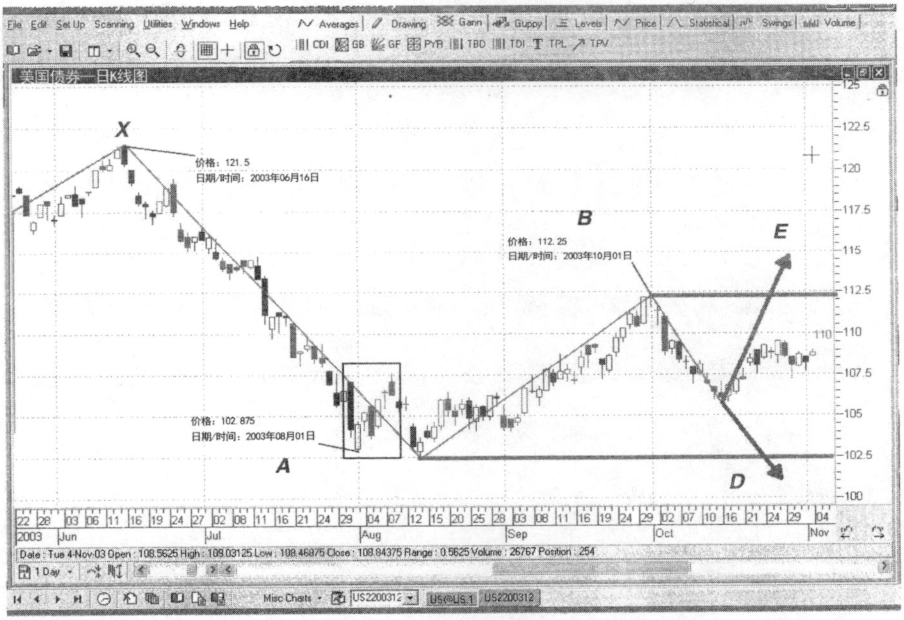

来源：市场分析者公司授权

图 4.8　美国 30 年期债券（2003 年 12 月）

假如说图 4.8 中是下跌趋势，最后的波动用 X—A—B 表示出来了。我们发现市场最终会走到 D 或 E。问题是，下跌趋势会持续下去，还是会改变？

这个技术的关键是确认方向性波动何时结束。图 4.8 中的方框是 5 天上涨，新的最低价不到 A—B 的 20%，不到 X—A 的 10%，然后进入横盘振荡状态。换句话说，18 天的下跌波动会在倒数第二个 5 天的最低价结束，此时 5 天上涨并随后出现了比最大范围小的最后的最低价。在图 4.8 中，倒数第二个最低价在 A。故，在本例中，方向性波动开始于波动的最高价并结束于 2003 年 8 月 1 日。

第二步是计算方向性波动所使用的时间。要想做到这点，需要确定所谓的控制点（Point of Control）——大部分交易被执行的价格。如果两个或多个价格是一样的，就选择最接近振幅中间的价格。图 4.9 显示了计算控制点的方法。

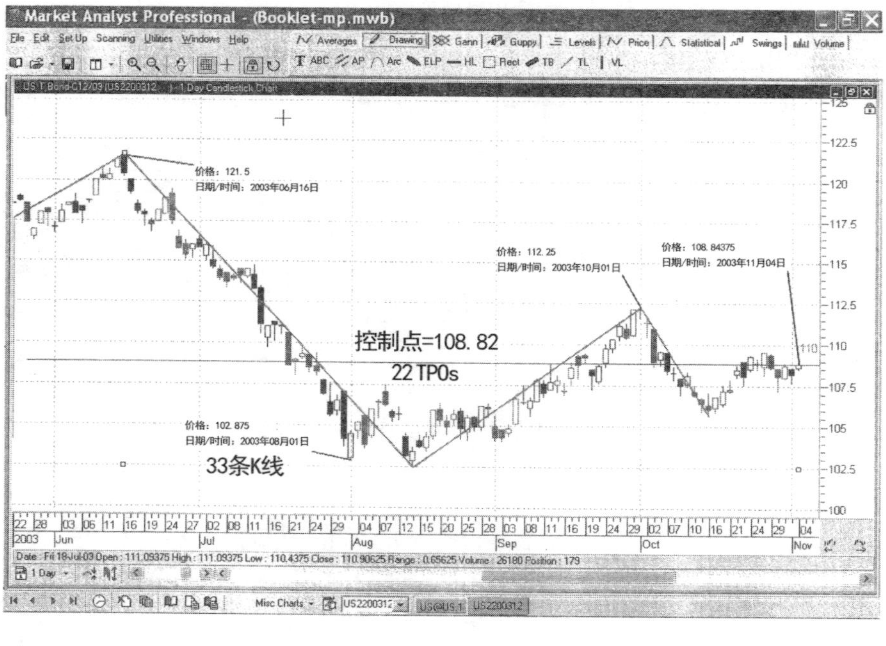

来源：市场分析者公司授权

图 4.9 美国 30 年期债券，2003 年 12 月，日线图

控制点是 108.82：市场 22 次到达了这个价格，比到达其他价格的次数都要多。图中的“TPO”是指“时间价格机会”——也就是在特定的价格执行交易的时间机会。

当我刚开始使用市场轮廓的时候，我错误地以为控制点是固定的。实际上，只要市场是横盘振荡的，控制点就不是固定的。我用图 4.9 来解释一下。

在突破之前，控制点不必在 108.82，可以是这个点上下的价格。为了本例解说的方便，假如说，除了 108.82 之外，市场经常到达的价格是 105.00（即使不是）。假如说 105.00 那里有 13 个时间价格机会，如果市场下跌到 105.00，连续 10 天没有突破振荡区间，也没有到达 108.82，那么控制点就会改变。在 105.00 的时间价格机会的总数现在是 23，因此新的控制点就会下跌到 105.00。

应用

把方向性波动所使用的时间除以控制点所使用的时间，得到一个比率，用这个比率来预警趋势的改变是可能的。我发现这个比率能暗示以下结果：

- 突破时的比率低于 33.0%表明突破时的方向性波动很强。
- 正常的比率——也就是不提供任何信息的比率——数值是 33.0% 到 78.6%，大部分振荡结束时候的比率在 40.0%到 62.0%之间。
- 比率大于 78.6%时表明趋势市场在突破振荡区间时要改变趋势。比率比 78.6%越大，趋势改变的可能性就越大。

对于价格在方向性波动后的回撤，这个概念也可以套用。对于之前的方向性波动，最大的回撤是方向性波动幅度的 50%；正常的回撤在 40%到 50%之间。故，如果市场回撤的幅度有那么多，且有方向性波动，且方向性波动/控制点大于 78.6%，那么我们可以期待趋势的改变。

总结

交易者维克托趋势线和市场轮廓高级预警是有用的工具，它们为交易者提供了高概率的趋势改变和（或）修正的线索。

可以人工计算这个比率，但是大部分商业软件（多时间周期版）里面都有市场轮廓，都由工具来确定时间价格机会和控制点。“多时间周期”指软件并不局限于一定时期内的市场轮廓，比如，市场分析者 3 这个软件就可以把不同的日期综合起来，而路透社的软件只能让用户查看一天的数据。

情绪指标

概要

有些交易者可能对情绪指标不太了解，我第一次了解到情绪指标是在阅读汉弗莱·尼尔的《逆向思维艺术》（*The Art of Contrary Thinking*）的时候。大部分使用情绪指标的人认为尼尔把这些概念提炼成了交易者可以使用的有用的工具。然而，尼尔本人并不认为情绪指标可以很好地量化。

1962 年亚伯拉罕·柯恩第一次设计了情绪指数。他只关注美国股市，这个情绪指数叫“投资者商情”，现在你还能买到这个产品。柯恩调查的不是交易者的观点，而是“投资咨询顾问服务公司”的观点，他用这些观点来评分，并提供各种服务。

1964 年詹姆斯・斯波特创办了《看涨一致》，这是为期货交易者提供的服务。他修改了柯恩的方法，其实有一点就是加入了一个方法，用来衡量投资咨询顾问公司所影响的交易者数量。詹姆斯・斯波特在 1972 年和 R. 厄尔・哈德第合作了；在 1974 年，哈德第收购了斯波特的股份。理查德・A. 石田对看涨一致指数做了修改，这个指数如今还在使用中（www. inarketvane. net）。

把情绪指标当作单独工具使用的读者会发现哈德第在 1983 年写的《相反观点》（*Contrary Opinion*）一书有用，他在这本书中为把看涨一致当作主要工具的交易者提供了一个完整的交易策略。

随后，市场上出现了一些类似的服务，比如，杰克・伯恩斯坦的“MBH 商品顾问公司”就推出了“每天情绪指数”。最近比较常见的衡量情绪的工具有：

- 菲尔・厄兰格（www. erlangersqueezeplay. com/page/esp/）在使用 VIX 指数（这个指数是利用芝加哥期权交易所的数据开发的）的同时使用了三个工具。他提供的服务只针对美国股市。
- 低语数字（www. whispernumber. com）是我知道的唯一的一个通过调查交易者而提供服务的公司。这家公司提供的产品服务包含了美国和国际上的股市、外汇、黄金和美国利率。

无论指数是如何编制出来的，规则是一样的。以下总结来自哈德第的《相反观点》。

- 上涨的价格和上涨的情绪指数是看多的。
- 当情绪指数在上涨的市场中到达极限数值时，表明最后的买家已经买入了。因为没有新的买家了，价格只能下跌。
- 并非需要新闻事件市场才会下跌。少数交易者兑现利润的行为就会导致市场下跌。如果出现了看涨的消息，市场的反应是下跌的，这是很明显的信号，表明市场到了极限价格。
- 对于下跌的市场则反之。

低语数字

结构

目前，我发现这个产品服务的结论是最准确的。一旦低语数字的数值到了极限数值，相关的开发者就会认真做检查，我们就会在随后10天看到价格波动会出现跟随的现象。因为我只把这个指数作为次要工具，我并不知道统计结果的真实性如何。

我能告诉你的是：当我看到了进场信号的时候，如果同时伴随着低语数字出现了极端数值，那么我去交易的话，我能获利15%！

对于美国股市，低语数字的数值在20%到25%之间，市场就是超卖的；数值是 49%或以上，市场就是超买的。我根据他们提供的数据算出了我自己使用的超买和超卖数字区间。我一共可以得到 29 个结论，故，无论是哪个结论，这个结论都不是确定的，值得斟酌。

我是根据史泰米亚的统计方法做的分析，我的数字和他有所不同。图 4.10 和 4.11 显示了我的计算方法。请注意，我只关注第三个标准偏差，因为我统计数字的方法不同，在评估超卖或超买状况的时候，你需要考虑看空的数值和看多的数值。图 4.10 反映的是看涨情绪，图 4.11 反映的是看空情绪。

图表	频率	发生的百分比%		
65	1	3%		
60	1	3%		
55	2	7%	4	90%
50	3	10%		
45	5	17%	1	17%
40	3	10%		
35	3	10%	2	38%
30	5	17%		
25	5	17%	3	72%
20	1	3%		
15	0	0%		
	29	100%		

来源：在低语数字公司的允许下使用数据

图 4.10　低语数字看涨情绪的计算

图表	频率	发生的百分比%		
65	0	3%		
60	0	3%		
55	1	7%		
50	1	10%	3	3
45	1	17%	2	62%
40	3	10%		
35	5	10%	1	28%
30	5	17%		83%
25	8	17%		
20	3	3%		
15	2	0%		
	29	1		

来源：在低语数字公司的允许下使用数据

图 4.11　低语数字看空情绪的计算

对我来说，针对看涨情绪，数值从 55 到 60 就是超买的，从 20 到 25 就是超卖的。

我希望自己分析时能够使用的数据量更大一些，这样我就能重新调整看跌情绪的第三个标准偏差。目前来看，19 到 25 是第二个标准偏差。对于看跌情绪，19 到 25 是超卖的，40 到 55 是超买的。

就像振荡指标一样，情绪指数也会给出互相矛盾的信号。你希望市场持续创造新高，越到新的高点，买家会越来越少。我的相关数据还是太少了，我无法确定是否不同的信号都有价值。

有趣的是，低语数字认为美国股市处于超买的价格水平。它和我的观点一致，我认为 13 周线应该做出修正动作（请看第 5

章）。看涨一致则相反，它在2003年11月3日的数值是59，是超卖的。

另外，有趣的是标准普尔和低语数字有分歧。2003年10月15日到10月28日，低语数字的情绪指数是65，表明市场是严重超买的；10月29日到11月12日，数值则下跌到了58。标准普尔则相反，10月15日是1054，11月3日是1061。也就是说，低语数字比较高的时候，标准普尔却比较低。

图4.12显示了低语数字（从2002年1月到现在）和标准普尔的关系。请注意，我调整了标准普尔的数字级别，这样才能把两张图放在一起。我们比较的是标准普尔和低语数字的倾斜度，请忽略价格水平。

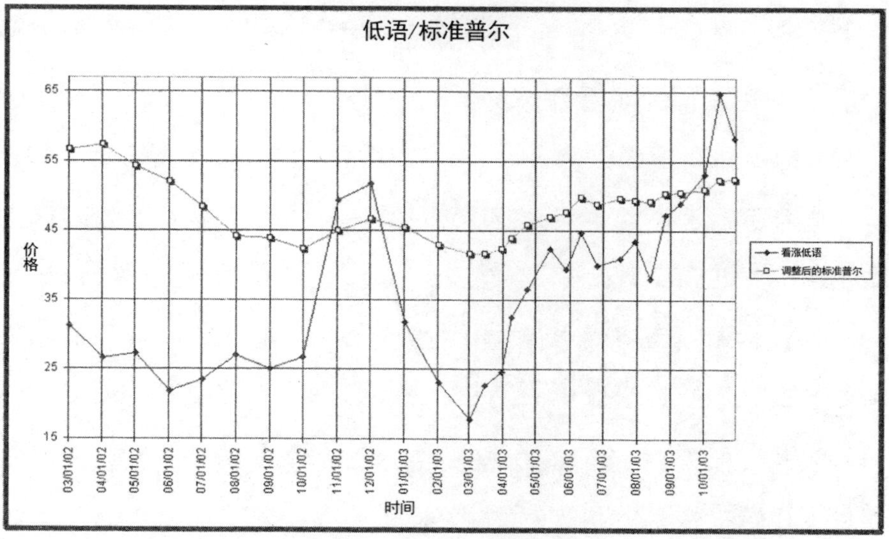

来源：低语数字公司授权使用

图4.12　低语数字和标准普尔

因为我对低语数字的准确性印象深刻，所以我使用了他们的产品服务。从统计的角度来说，因为还在开始阶段，所以我们还要长期关注数据的准确性。无论如何，准确性是不错的。

“封面报道”和“对报道的反应”

概要

作为指标，“封面报道”要求我们只能关注《时代周刊》或《新闻周刊》或类似档次期刊的报道，“对报道的反应”则要求我们关注经济报告——比如，期望中的非农收入数字、实际数字和市场的反应。

对于这两个指标，我们要关注市场趋势比较强的方向，当报告出来后，我们要关注市场对“正常期望”的反应。举例说明：

《时代周刊》或《新闻周刊》上面有专题报道，说“美国股市是有史以来最强的”！也许大众希望市场继续飙升，但是市场却很有可能要下跌。

结构

如果你想亲自动手打造这个指标，你会发现这个指标的构造很简单，不过你没有必要这么做，你只要看看新闻期刊的封面，再记下来市场对哪个报道做出了反应。这些工作是必要的，因为市场会根据交易者或投资者认为重要的方面对报道做出反应。

应用

以下是关键因素：

- 大于均值的多头结构或空头结构。
- 关于“封面报道”，如果你的品种出现在了《时代周刊》

或《新闻周刊》或类似期刊上面，你可以期待3、4周后市场的反应和封面报道正好相反。

- 关于“对报道的反应”，你可以期待市场的反应和经济报道正好相反。
- 关于这两个指标，无论是单独使用，还是一起使用，通常会表明至少13周这个级别的推动浪即将结束。

结论

我一直都相信情绪指数，我唯一有点担心的就是数据的收集方式。撰写业务通讯邮件的人和被调查的交易者毕竟是不同的。看起来使用VIX的数据比较现实，但是这方面的数据仅限于美国股市。

总结

在本章，我们讨论了一些次要工具，每个工具都有特定的用处，以下是我使用这些工具的方法：

工具	如何使用
交易者维克托趋势线	要想判断横盘振荡的市场是否会有正常的趋势改变，要使用市场轮廓高级预警和费雪的费氏椭圆（译者注：原文是Fisher’s PHI-ellipse，作者没有解释）
振幅比较	在市场的修正动作可能要结束的时候，使用情绪指标，比如低语数字。
情绪指标	使用巴罗斯波动，尤其是“封面报道”“对报道的反应”和前面提到的低语数字。

到目前为止，我们回答了以下问题：

- 什么是趋势？
- 趋势会持续下去，还是会改变？

这些问题的答案为我们提供了一个策略——也就是说，我们要么做买家，要么做卖家。虽然我认为确认趋势、趋势是否会持续下去或改变是最重要的，但是我们还要考虑其他因素：

- 区域：在哪里进行交易？
- 模式、触发条件和初始止损点：在什么样的市场状况下建仓？初始止损点在哪里？
- 交易管理：建仓后如何管理交易？

本书后面的章节会回答这些问题。

第 5 章　进场和交易管理

概要

在前面的章节里面，我们考虑了特定时间周期里面的趋势，也考虑了如何判断趋势会持续下去或改变。在本章，我们将分析低风险进场的条件和交易管理（请看图 5.1）。

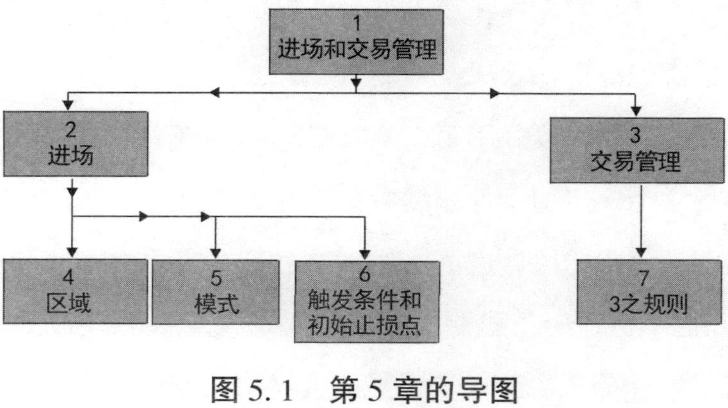

图 5.1　第 5 章的导图

大部分新手都会犯两个重大错误：

- 没有考虑他们的时间周期内的趋势，没有考虑到趋势是否会持续下去或改变。
- 一旦建仓了，他们随后没有管理好这笔交易。

实际上，新手都想赚钱，但并没有考虑如何用最好的方式赚钱。有经验的交易者则会重视趋势并管理好交易，他们会处理好进场和出场，这样就扩大了利润率。

新手希望自己的胜率高。因为交易是概率游戏，利润和亏损是随机分布的；如果是逐笔分析，交易者无法直接影响他或她的胜率。进场和出场又完全不同：交易者可以直接影响自己的进场或出场。实际上，在交易者的交易策略中，交易者唯一能完全控制的就是进场和出场。

要想解决概率带来的阻碍，交易者可以采用以下两个策略中的一个：要么永久在市，要么他们能根据自己的交易风格和性格来判断最赚钱的市场状况。

我在交易的时候采用第二个策略。要让概率对我有利，我要先让市场满足一定的条件，然后再交易。一旦确认了趋势，我希望市场能满足我的统计进场条件，这个条件叫做“时间和价格窗口”。在这个窗口中，我要根据锚定移动平均线和斐波那契比率找到支撑区（买入的时候）或阻力区（卖出的时候）。

市场必须到达我的区域，且市场展现的模式能告诉我，我的支撑区或阻力区是有效的。我把这些模式叫做“形态”（译者注：原文是setups）。一旦市场形成了我需要的模式，我就在第二个或第三个低级别的时间周期里寻找进场模式，因为我的时间周期是18天，我要么根据日线图进场，要么根据下面公式算出来的参数K线图进场：

交易所时间/5

一旦我决定了如何交易，在哪里建仓，我就要确定初始止损点，然后我再决定回报风险比是否符合我的资金管理规则。我用以下公式计算回报风险比：

（核心利润×胜率）/（初始止损×败率）

其中：

核心利润是“核心合约利润”的目标。我们在后面谈到3之规则时会讨论核心合约利润的。

胜率就是历史胜率（赢利的交易笔数/总交易笔数）。

败率是历史败率（亏损的交易笔数/总交易笔数）。

我希望回报风险比是2∶1左右。我在交易的时候，我发现2.5∶1的回报风险比是很难实现的。从过去的数据分析可知，回报风险比一般在2到3之间。每个交易者都应该保留自己的交易记录，这样才能搞清楚自己过去的回报风险比。

建仓后，要想监控好自己的交易，第一步就是设置初始止损点。这是量化的工作，表明一旦亏损超过了某个数字，我就认输，我一般是根据图表来设置初始止损点的。如果亏损大于资金管理规则限制的最大亏损，我会放弃这笔交易。

除了通过量化的方法保护账户，我还采取了定性的方法。我会在后面的章节“随后的交易管理”中讨论这些方法。我在交易时遵循这句话：“如果我的交易没问题，我就不必止损出场。”我并不是说我的进场点都很完美，我不必止损，我的意思是，我在初始止损点被触发之前就平仓了。提前出场的做法通常都是正确的，如果我不提前出场，市场会继续对我不利，最终会到达我的初始止损点。

一旦一笔交易到了“随后的监控”阶段，就要用到3之规则。

我在建仓和监控一笔交易的时候，都会用到3之规则。让我们一起来看看具体解释。

进场

区域

区域就是支撑区（做多的交易）或阻力区（做空的交易）。在本质上，这些区域就是我有信心一笔交易会成功的区域。确认趋势后，我在分析时最关注的就是这些区域。

我确定区域的工具有：

- 统计上的时间和价格窗口；
- 锚定移动平均线；
- 斐波那契比率。

统计上的时间和价格窗口

我在这里并不想全面地解释统计学和概率论的本质，但是我想说我的想法和课本上的思想是不同的。我在交易的时候，对复杂理论有深入的理解，复杂理论对我的方法有深刻的影响。

在本节，我会简短总结我的方法，重要的是这个方法对我有用——也就是说，我的方法让我的账户增值了。

我有两个计算统计上的时间和价格窗口的方法。我先解释第一个方法，这个方法叫做“快速法”。

- 找到至少 15 个推动浪作为样本。理论上，我们应该找到 40 个，但是根据我的经验，大部分交易者连 15 个都不想算，更不要说 40 个了。在大部分情况下，15 个能得到满意的结果。这些样本包括价格波动范围和相应的时间。
- 计算样本的均值和标准偏差。

删除所有的无关数值——也就是删除所有大于均值+3 倍标准偏差和小于均值-3 倍标准偏差的数值。

对于剩下来的数据，重新计算它们的均值和标准偏差。

所得到的数值能让我定义以下 5 种状况：

- 正常的数值（均值+1 倍标准偏差到均值-0.5 倍标准偏差），意味着推动波有 50%的概率会持续下去。

- 如果数值小于正常值（均值-1倍标准偏差），对我来说，这意味着推动浪在这个时间周期内不太可能会结束，我会寻找机会在第一个低级别时间周期内的回撤处加仓。
- 如果数值是正常值（均值+2倍标准偏差），对我来说，这意味着推动浪可能很快就要结束。如果是这样的数值，我就会收紧跟踪止损点，不会再加仓的。
- 如果数值明显小于正常值（均值-1.5倍标准偏差），对我来说，这意味着推动浪在这个时间周期内结束的可能性很小。我会积极地在第二个低级别的时间周期内寻找加仓机会。
- 如果数值很不正常（均值+3倍标准偏差），对我来说，这意味着推动浪很有可能即将结束。对于这样的数值，我会找机会平仓。

我在交易者的时间周期、第一个高级别和第一个低级别的时间周期内研究样本数值，这些数值既针对时间，也针对价格；既针对修正浪，也针对推动浪。

所以，这就是计算统计上的时间和价格窗口的“快速法”。

图5.2显示了收集样本的过程。我使用的软件里面有一个工具，可以计算不同波动点之间的价差和时间差。“I”就是“推动浪”，“C”就是“修正浪”。

图5.3显示了用excel电子表格计算样本的均值和标准偏差。

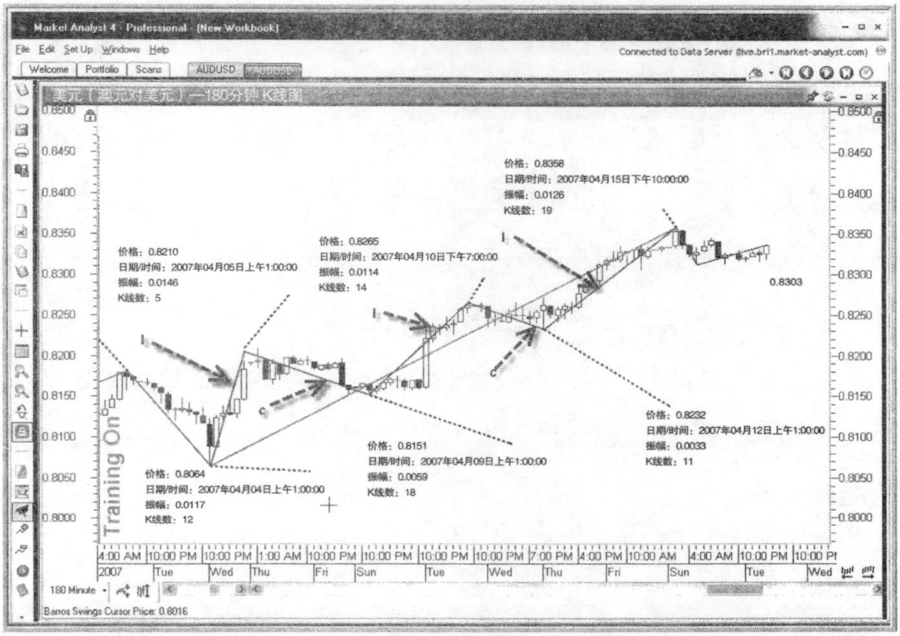

来源：市场分析者公司授权

图 5.2　收集数据样本

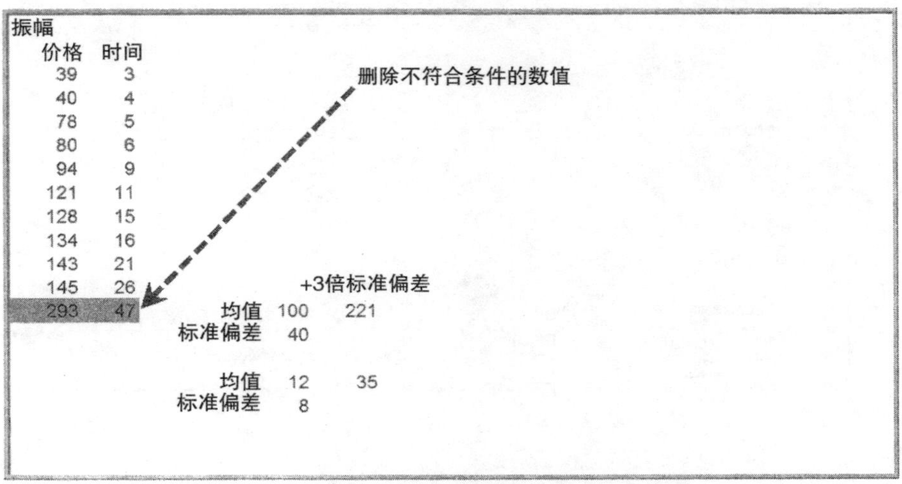

图 5.3　excel 电子表格

时间和价格窗口是一个“宽广的区域”——也就是说，其他工具要在这个区域内使用。图 5.4 就是一个例子，图中显示了在澳元对美元的 240 分钟图中 5 个时期（译者注：即采用的参数为 5）波动的时间和价格窗口中正在形成锚定移动平均线（请看后文）。“240 分钟图”指每条 K 线代表了 240 分钟的“开盘价”“最高价”“最低价”和“收盘价”。240 分钟图中的 5 个时期相当于是日线图上的 1 个时期的波动，它代表了我的第一个低级别的时间周期。

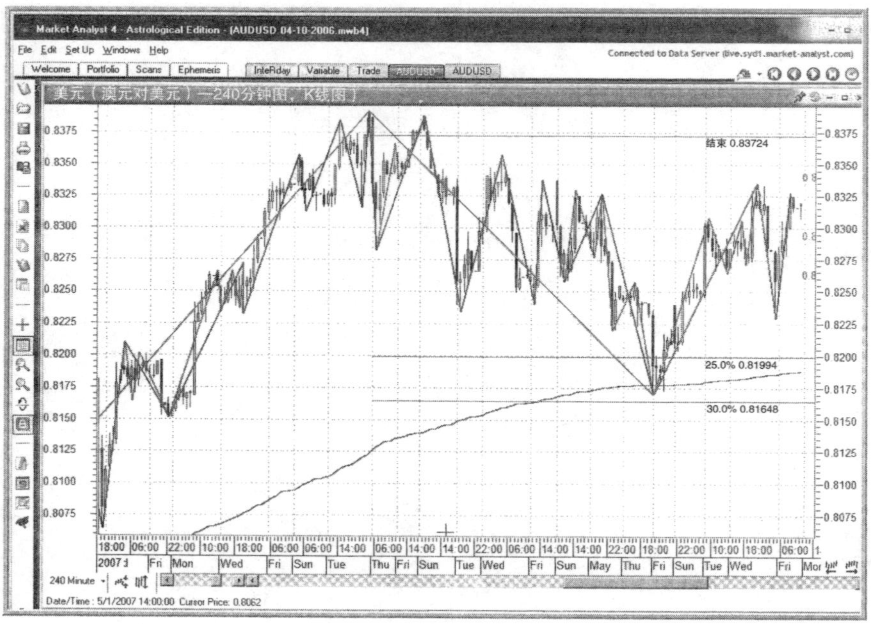

来源：市场分析者公司授权

图 5.4　澳元对美元 5 个时期 240 分钟图

锚定移动平均线

锚定移动平均线是保罗·莱文设计的。如果想全面地了解莱文的研究成果，请访问：www. tradingsuccess. com/free. html。我使用的均线和莱文的均线有不同的地方。莱文根据中值计算移动均线，我的锚定移动平均线要么根据“最高价”计算，要么根据“最低价”计算。

锚定移动平均线有什么特殊的地方？它和简单移动平均线有什么不同？其中一个不同之处就在于计算方法不同。在计算锚定移动平均线的时候，计算的时段是逐渐增大的。比如，在第一天，计算锚定移动平均线的数据只有 1 个；第二天有 2 个；第三天有 3 个；以此类推。对于简单移动平均线，所采用的时期是提前定好的，比如计算 20 天移动平均线，在第二十一天，就删除第一天的数据，并加入第二十二天的数据做计算（译者注：第二十二天还没到，应该是加入第二十一天的数据）。

另外一个不同之处在于锚定移动平均线的起点都是很重要的，其他移动平均线的起点是重新计算的那个点。比如，在计算 20 天简单移动平均线的时候，20 天后，计算均值所采用的数据则和 20 天前完全不同了。

我在第一个高级别时间周期内的波动极限开始计算锚定移动平均线，并一直计算到每个波动的最低价。一旦市场开始了修正动作，我就会寻找最近的积极锚定移动平均线。要想确定一条锚定移动平均线是否积极，你需要知道：

- 修正浪的极限价格；

- 波动到极限价格时锚定移动平均线的数值；
- 45 个时期（译者注：指参数为 45）内平均真实振幅（ATR）标准偏差的 3 倍。

要想确认积极的锚定移动平均线，锚定移动平均线必须在波动极限的 3 个标准偏差之内。举例说明，假如说黄金的最低价是 300，同时锚定移动平均线的值是 320，平均真实振幅的标准偏差是 5，那么锚定移动平均线就不是积极的，因为：

- 3×5 =15。
- 锚定移动平均线的值减去 3 个标准偏差 = 320 − 15 = 305。
- 最低价在 3 个标准偏差之外——积极锚定移动平均线的最大距离是 305，最低价是 300。

请注意：和其他支撑区或阻力区不同，我希望锚定移动平均线被穿过（译者注：这里的穿过就是指品种的价格在 3 个标准偏差之内）。然而，这种穿过必须在极限的平均真实振幅的 3 个标准偏差之内。只要极限在 3 个标准偏差以内，我就认为锚定移动平均线是积极的。

如果锚定移动平均线没有被碰到，会如何？如果极限在 3 个标准偏差之内，但是并没有碰到锚定移动平均线，那么锚定移动平均线算积极的吗？如果波动极限没有碰到锚定移动平均线，我就认为锚定移动平均线还没有提供支撑区（或阻力区）。如果是这样的话，我就会查看其他的工具，然后再考虑这些区域。

对于一个积极的锚定移动平均线，我还有最后一个要求：它必须在最近的统计价格窗口的 3 个标准偏差之内。

总结一下，如果希望锚定移动平均线能提供支撑区或阻力区，必须满足三个条件：

- 价格至少要碰到锚定移动平均线。
- 穿过锚定移动平均线的价格极限不能超过 45 个时期平均真实振幅的 3 个标准偏差。
- 锚定移动平均线必须在最近的统计价格窗口的 45 个时期平均振幅的 3 个标准偏差之内。

图 5.5 显示了在 2007 年 4 月 24 日形成了 5 个时期波动最低价之后的澳元对美元的 240 分钟图。18 个时期的修正动作和 5 天的统计时间价格窗口用小方框表现出来了。两个箭头显示的是可能的锚定移动平均线支撑区。请记住，积极的锚定移动平均线必须在 45 个时期平均真实振幅的 3 个标准偏差以内，必须在最近的统计价格窗口的 3 个标准偏差以内。

在我的工具中，锚定移动平均线是一个非常重要的工具，它能定义高概率的区域。实际上，统计时间和价格窗口更重要。然而，我并非仅仅依靠这个工具，我还是使用另外一个工具，叫“斐波那契回撤和预测”。

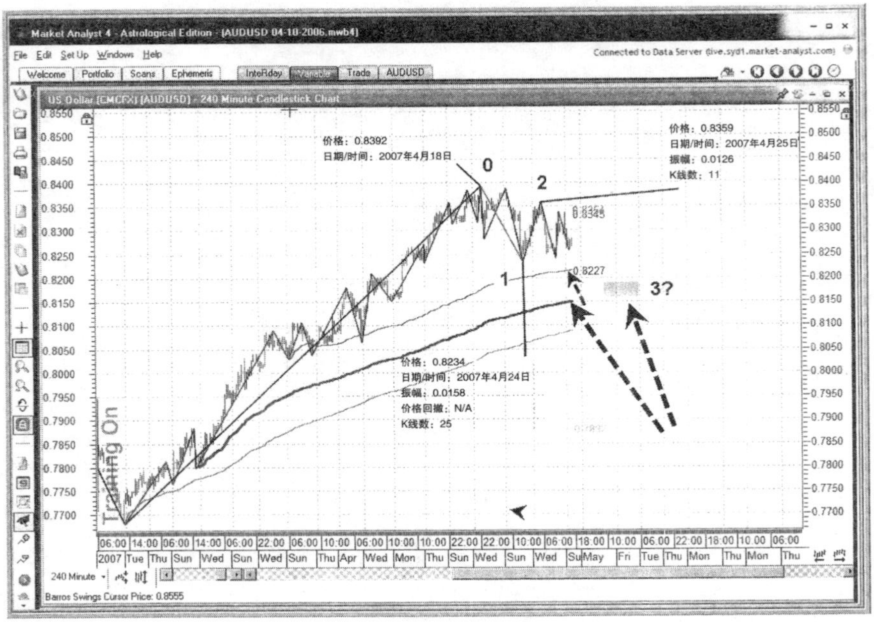

来源：市场分析者公司授权

图 5.5　澳元对美元 5 个时期 240 分钟图

斐波那契比率

市面上有很多优秀的书籍都介绍了斐波那契比率，其实有些还是免费的：

- www. fibonaccibook. com/
- www. investopedia. com/terms/f/fibonacciretracement. asp
- www. earningsnow. com/fibonacci

我并不会谈论这些书籍的具体内容，在本节，我将解释我使用的比率，还要解释相关的波动点和时间周期。

我希望这些比率能在统计时间和价格窗口中提供价格窗口。

要做到这点，我把回撤浪和推动浪做了区分：区别在于波动极限大小，我们可以据此计算斐波那契比率。对于回撤浪，我们计算交易者的时间周期内的波动点；对于推动浪，我们计算第一个低级别时间周期内的波动点。

我所说的比率，无论是回撤浪的比率，还是推动浪的比率，都是一样的，我把这些比率叫做“斐波比率”。图 5.6 显示了斐波比率的数值。

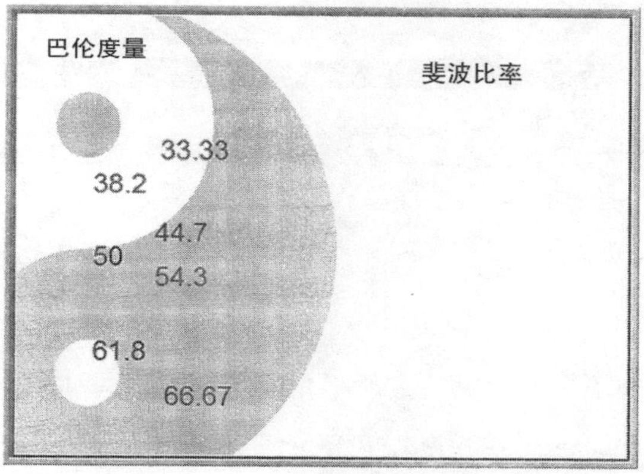

图 5.6　斐波比率

为了定义市场最有可能做出什么样的回撤，我会评估当前推动浪的结构。对于特别强的波浪，我希望回撤至少是 25%，不超过 30%。对于比较强的推动浪，我希望回撤在 33%到 38.2%之间。如果推动浪是正常的，我希望回撤在 40%到 67%之间。如果推动浪小于正常值，我希望回撤至少是 67%，最好是 78.6%或更大。第 1 章谈到的 R0 结构可以从另外一个方面来解释这个思想。

因为我们观察的是单一的波浪结构，上面提到的思路只是指导性的。更具体的办法就是综合考虑当前推动浪和交易者时间周期内整个推动浪的结构。举例说明，如果我交易的是 18 天的趋势，为了确定当前回撤的大小，我就要比较当前的推动浪和整个 18 天的结构。

从这个角度来说，我们有必要研究斐波比率。在图 5.7 中，我们又看到了澳元对美元这个货币对。我用波动点 X 和 0（240 分钟图中 18 个时期的波动极限）计算了回撤。你会看到这些价格水平和统计时间和价格窗口是非常接近的。

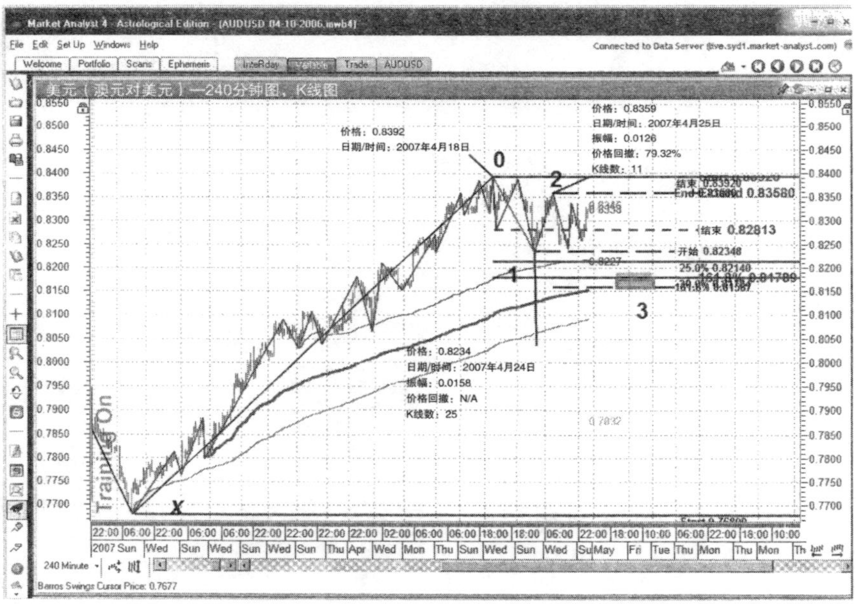

来源：市场分析者公司授权

图 5.7　澳元对美元 5 个时期 240 分钟

因为 18 天的推动浪很强，所以我选择了 25%到 30%的回撤幅度。图 5.8 显示了 18 天波动很强，从 3 月 6 日的最低价到 4 月

19 日的最高价，5 天这个时间周期内并没有产生任何波动。这看起来不久就要形成 R2 或 R3 级别的 18 天推动浪。如果我的判断是正确的，我希望回撤不超过之前 18 天推动浪（图 5.8 中的 X/A）的 25%到 30%。

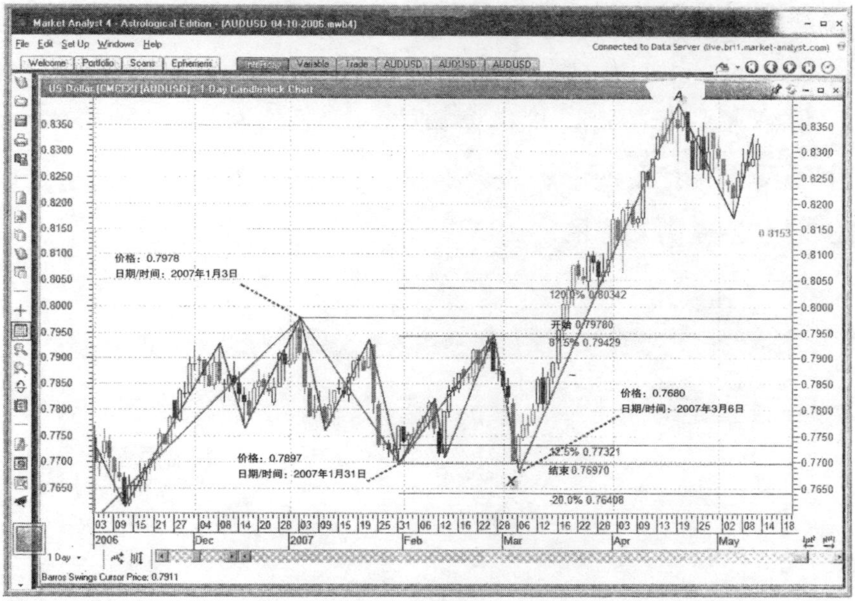

来源：市场分析者公司授权

图 5.8　澳元对美元 5 天

继续看澳元对美元的 240 分钟图，我们再回到斐波那契比率的预测作用，我们将从第一个低级别时间周期内预测比率。回撤的深度定义了推动浪结束时的价格水平。如果回撤是：

- 正常值（40%到 67%），我预期这个结构在 1.00 或 1.618 价格水平结束；

- 小于正常值（小于 38.2%），我预期的价格水平是 1.00、1.618 到 2.618；
- 大于正常值，我预期的价格水平是 0.618 和 1.00，偶尔会回到 1.618。

在图 5.9 中，我们能看到，浪 2 是回撤浪，相对于 1 回撤了 79%。通常，我们的预期不会超过 1.00。然而，在本例中，因为这个价格水平不在统计价格窗口之内，虽然在 1.00 的价格水平产生了反弹，我预期市场还会下跌。1.618 在统计价格窗口之内，我预期它会提供支撑的。

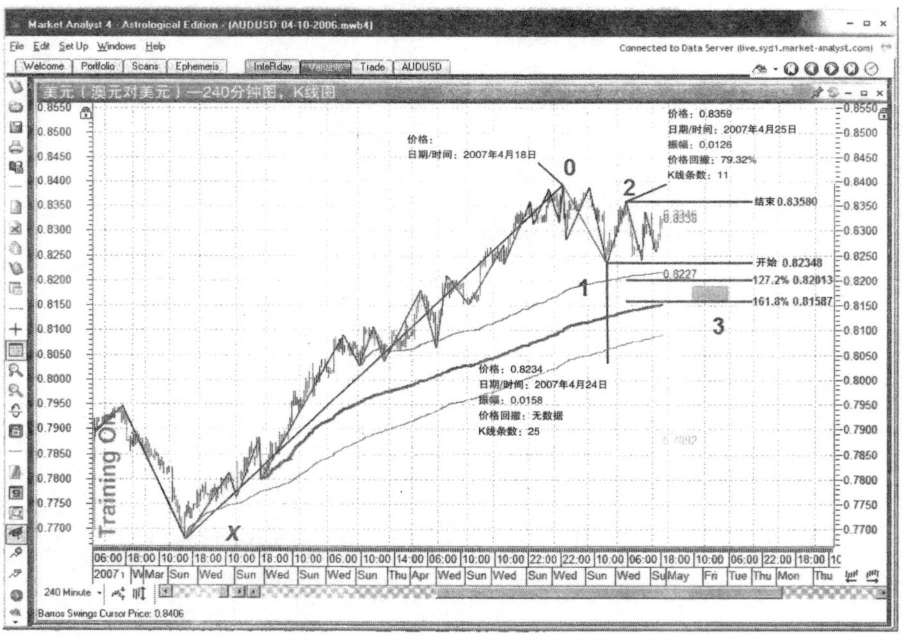

来源：市场分析者公司授权

图 5.9　澳元对美元 5 个时期 240 分钟

我还使用另外一套斐波那契比率，叫做拉里派萨范托调和比率（请看图 5. 10）。同样，我还是使用第一个低级别时间周期内的波动极限。

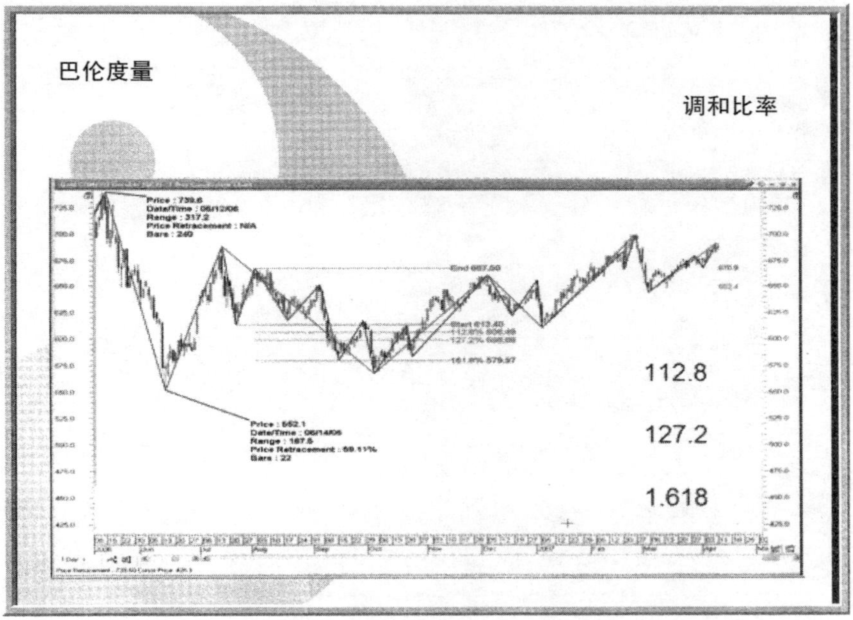

来源：市场分析者公司授权

图 5. 10　调和比率

要想预测浪 3，我就要使用到浪 2 的长度，并乘以这个比率，再从浪 2 的终点处计算预测结果。在使用调和比率的时候，我的原则是：修正动作越深，那么 112. 8 和 127. 2 就越有可能提供区域。1. 618 这个比率是我使用的最大比率。

图 5. 11 显示了 1. 618 调和预测可以影响到统计价格窗口，所以我会在使用 127. 2 之前优先使用这个预测。

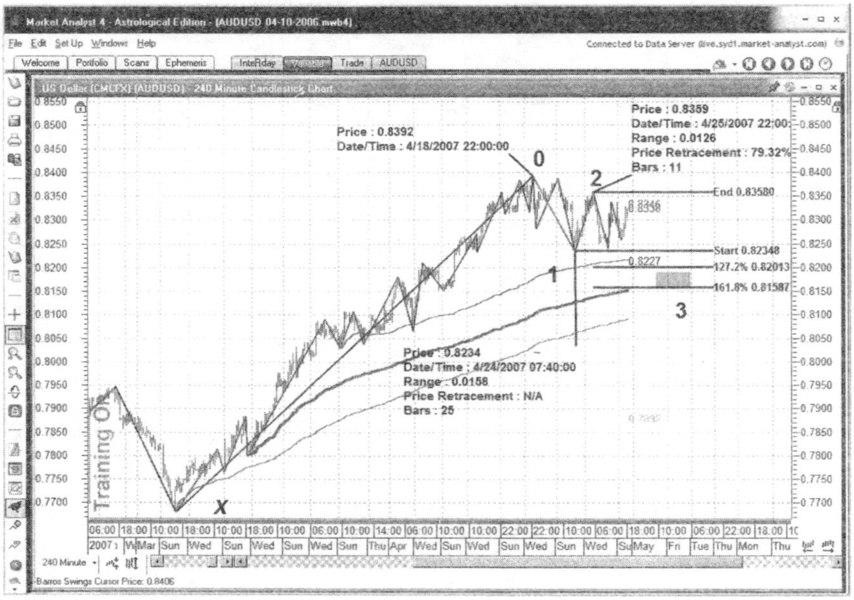

来源：市场分析者公司授权

图 5.11　澳元对美元 5 个时期 240 分钟图

把它们放到一起：

- 统计时间和价格窗口；
- 锚定移动平均线；
- 斐波那契在交易者时间周期内的回撤；
- 斐波那契从第一个低级别时间周期内的预测；
- 第一个低级别时间周期内的调和比率。

图 5.12 显示了用方框界定的区域。这个区域的起点是

0.8150，结束点是0.8180。时间窗口开始于2007年5月2日上午10：00，结束于5月7日下午10：00（格林尼治标准时间）。

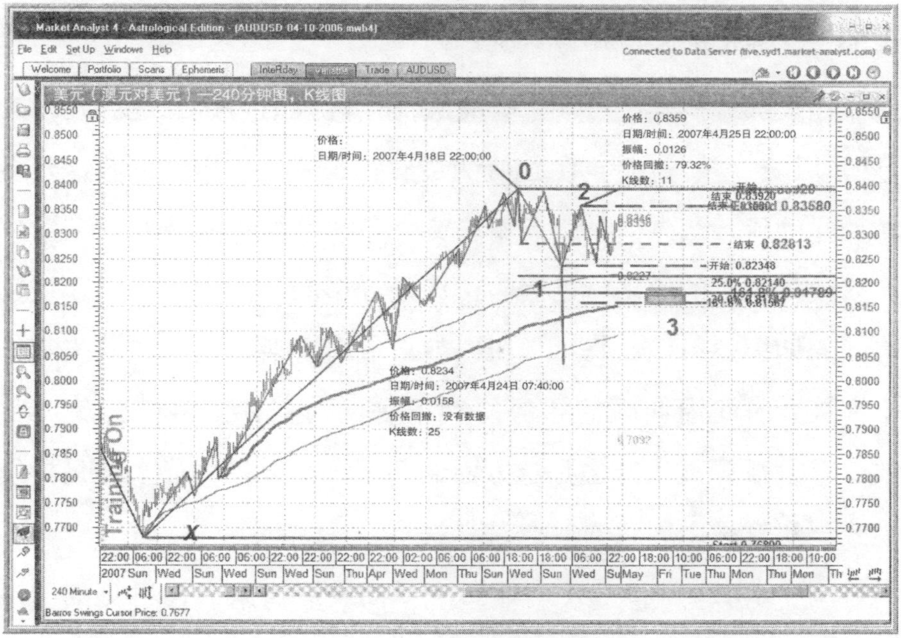

来源：市场分析者公司授权

图5.12　澳元对美元5个时期240分钟图

一旦确定了一个区域，我就等待市场走到这个区域。如果市场走到了这个区域，我就要寻找以下两种模式中的一种：

- 反向发展。
- 收缩。

模式

反向发展

反向发展是什么意思？可以这样解释：市场并没有沿着有活力的模式（也就是说，在过去这个模式是可靠的）原来的方向持续下去，市场的走势相反。

在大部分模式中市场都会突破支撑区或阻力区，之后发现却是假动作。举例说明，在“假的头肩”模式中，市场的收盘价会在颈线的另一侧，但是之后市场又会延续之前的趋势。

模式背后的原理就是因为市场是分形的。因为第一个高级别时间周期内的市场在修正，所以就形成了有活力的模式。当第一个高级别时间周期内的趋势持续下去的时候，某些模式就“失败”了。反弹或上冲也是这方面的例子。如果反弹或上冲是持续模式，我就称之为“313-外面”。

图 5.13 是一个“313-外面”反向发展模式。你看见的波动是 18 天这个级别的（也就是月线级别的趋势）。第一个高级别的时间周期是 13 周（季线级别的趋势），13 周趋势是上涨的。在图 5.13 中，就是比较粗的波动线（swing line），这条线在 2007 年 1 月 3 日到达了最高价 0.7978。18 天线在 2007 年 1 月 30 日在 0.7965 从向下变成了向上。

在 2007 年 3 月 6 日，市场新的最低价是 0.7677，跌到了之前的最低价 0.7695 之下（请看图 5.14）。同时，这次市场波动到 0.7677，把 13 周的线拉下来了，这是一个修成动作。

来源：市场分析者公司授权

图 5.13　澳元对美元 5 个时期 240 分钟图

来源：市场分析者公司授权

图 5.14　澳元对美元 5 个时期 240 分钟图

通常，市场向下突破支撑区后，我们可以预期市场继续下跌。然而，正如图 5.15 所示，市场回到了振荡区间，在 0.7978 和 0.7695 之间振荡。价格的这种波动说明了这是“313-外面”反向发展模式。

来源：市场分析者公司授权

图 5.15　澳元对美元 5 个时期 240 分钟图

反面发展还有另外一种形式，那就是 K 线很长，但是市场并没有跟随这条 K 线。在这种情况下，市场先形成一条很强的方向性 K 线。通常，我们可以预期市场最多休整一天，然后会沿着方向性波动继续走下去。然而，方向性波动表明了第一个高级别时间周期内的修正动作结束了，原来的趋势要持续下去。图 5.16 用例子说明了这个模式：2006 年 1 月 1 日出现了很长的 K 线。

来源：市场分析者公司授权

图 5. 16　澳元对美元 5 个时期 240 分钟图

反向发展是一种模式，另外一种叫收缩。

收缩

在收缩模式中，当市场接近区域时，振幅会缩小。理想状态下，当市场到达区域的这天，市场就会形成振幅很小的中性 K 线——也就是说，开盘价和收盘价差不多是一样的，且振幅小于正常值（也就是小于 45 个时期的平均真实振幅或 ATR 的均值-1 倍标准偏差）。图 5. 17 是收缩模式的一个例子。

收缩模式可以采用中性 K 线的形式。振幅也许是正常的，或稍稍大于正常值，但是开盘价和收盘价很接近（在 45 个时期平均真实振幅的 0. 5 个标准偏差之内）。

来源：市场分析者公司授权

图 5.17　澳元对美元 5 个时期 240 分钟图

这个模式还可以采用其他形式，比如过去 4 天的最小振幅（通常叫 NR4），或过去 7 天的最小振幅（通常叫 NR7），或在某天之内形成了过去 4 天或 7 天内的最小振幅（通常分别叫做 IDNR4 和 IDNR7）。每种收缩增加了市场守住这个区域的可能性，在交易者的时间周期内，沿着趋势的方向将会有爆发性波动。

图 5.17 中的箭头指的就是中性 K 线。请注意，开盘价和收盘价是同一个价格。

可以把收缩模式和指标结合起来使用。很多软件都包含了以下有活力的指标：

- 肯特纳通道和布林通道（The Keltner channel coupled with a Bollinger band channel）。我把肯特纳通道的参数分别设置为 1.5 个标准偏差和 18 天移动平均线。我把布林通道的参数分别设置成 2.0 个标准偏差和 18 天移动平均线。通常，布林通道在肯特纳外面，但是在低波动性的时候，布林通道就在肯特纳通道之内。这是一种预警，表明大波动要来了。
- 历史波动性比率。这个比率是不同长度的历史波浪性之间的比率（举例说明，5 天历史波动性和 10 天历史波动性之间的比率）。0.5 是标准，当市场低于 0.5 时，近期的波动性能表明大波动快来了。
- 布林宽度。这是用相对于移动平均线的百分比来表示的宽度。当宽度突然明显地减小时，波动性会突然出现猛烈的扩大。

图 5.18 展示了这些指标。最上面的窗口是肯特纳通道和布林通道。布林通道正好在肯特纳通道之内，表明要发生大波动。第二个窗口是历史波浪性比率，指标大于 0.5，波动性没有收缩。最后一个窗口是宽度。市场在历史最低价附近，表明会有大波动出现。

一旦确定了模式，我就寻找进场点，并设置初始止损点。现在开始谈论这个话题。

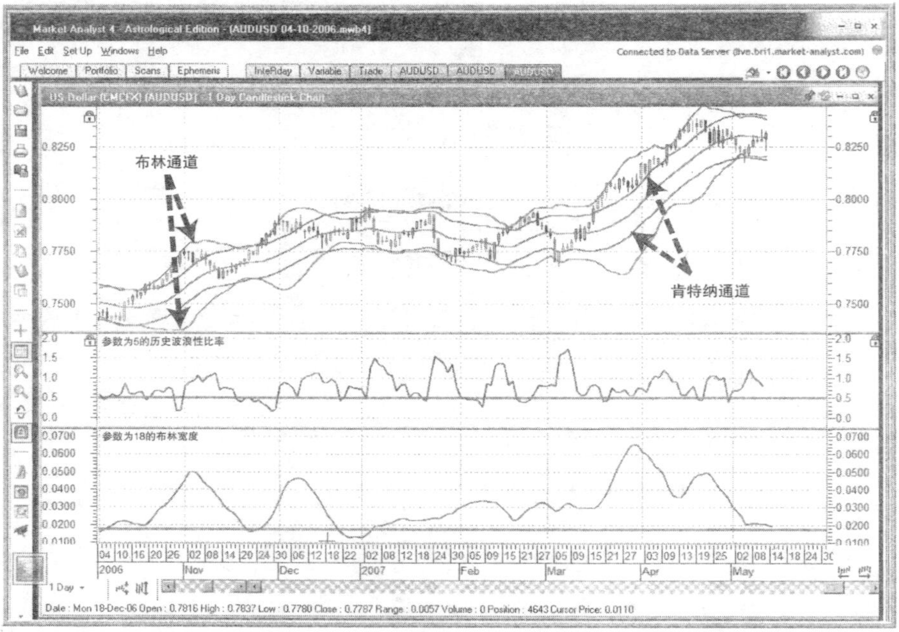

来源：市场分析者公司授权

图 5.18　澳元对美元 5 个时期 240 分钟图

触发条件和初始止损点

触发条件

反向发展模式的触发条件是很具体的。我预期下一个高级别的时间周期里趋势会持续下去。如果市场突破了支撑区或阻力区，我预期市场会接受之前的振荡区间的主要区域之外的价格。如果“市场出现了很长的 K 线，但并没有持续走下去”，我预期市场会突破这条很长的 K 线的极限价格的 10%以上。

收缩模式的触发条件就是任意一条 K 线，这条 K 线在高级别的时间周期里和趋势的方向是一致的。

图 5. 19 提供了不同触发条件的例子。在 A 点出现了收缩触发条件。在 B 点出现了“突破支撑区的反向发展”触发条件。在 C 点则是“出现了长 K 线，但市场没有跟随”的触发条件。

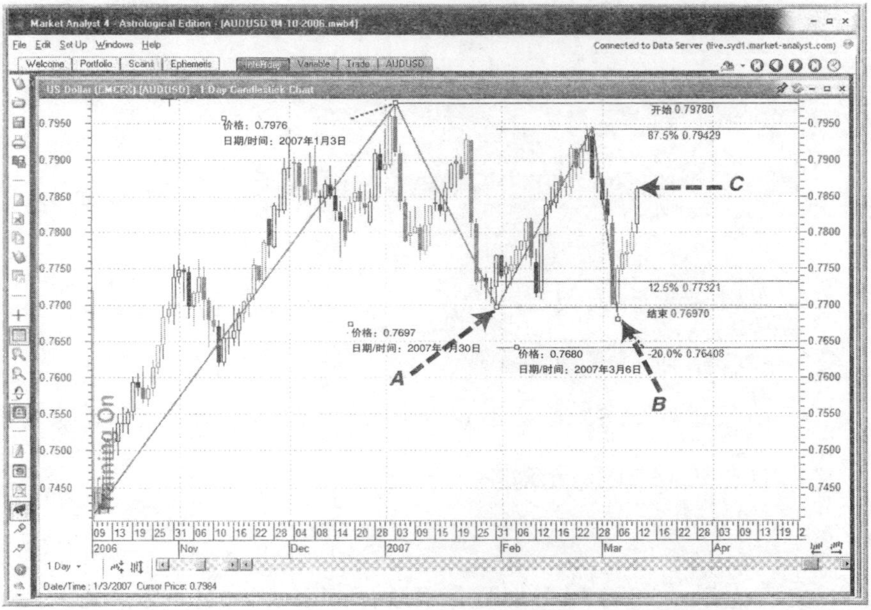

来源：市场分析者公司授权

图 5. 19　澳元对美元 5 个时期 240 分钟图

区域、模式和触发条件都是我们进行交易的依据。现在开始谈论出场策略。

初始止损点

我把出场策略分为：

- 对一开始的交易（建仓）进行监控。
- 对随后的交易（仓位）进行监控。

对建仓行为进行监控可以定量分析，或定性分析。定量分析就是指市场到了某个价格，我就不愿意再继续亏损下去了。我根据市场的结构决定在哪里下止损单，我的资金管理原则决定潜在的亏损是多大。如果潜在的亏损超过了我的资金管理规定的范围，我就放弃这笔交易。

设置初始止损单的方法有三种，按照顺序，分别是：

- 超过了最大范围；
- 超过了目前波动的 10%；
- 如果进场的 K 线显示出了很强的信心，超过了这条 K 线极限价格 10%的价格。

设置止损单的时候不但要考虑到可能的亏损额度，还要考虑到市场在碰到止损点后走势可能转而对我们有利。如果把止损点设置在最大范围之外，那么当我们对交易判断错误的时候，我们有最大的可能性让止损单生效。其他两种止损点则提供了保护措施，然而，即使市场碰到了这两个止损点，那么我对市场的判断还是有可能对的，但是我的进场时机不对。

图 5.20 显示了这三种止损的位置。

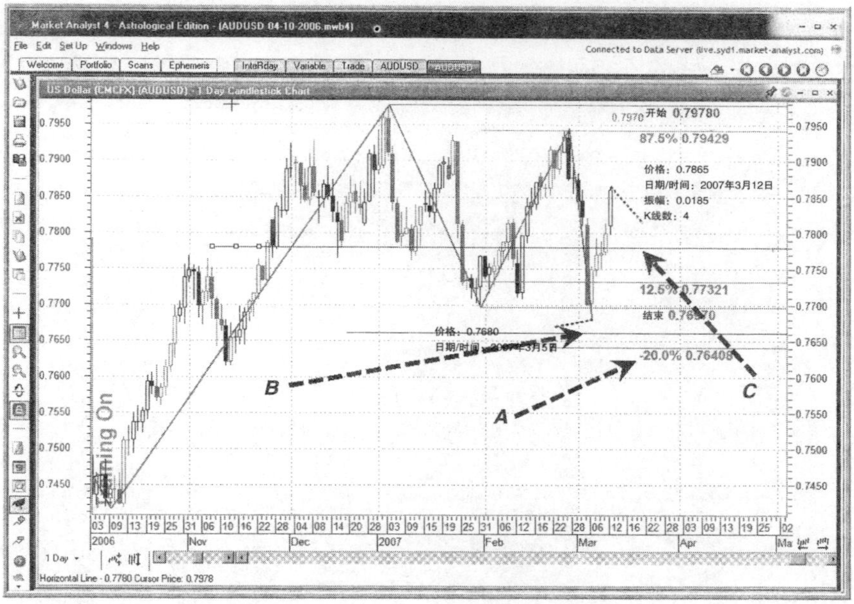

来源：市场分析者公司授权

图 5.20　澳元对美元 5 个时期 240 分钟图

- A＝低于最大范围；
- B＝低于当前波动的 10%；
- C＝低于最低价减去进场那条 K 线振幅的 10%。

这就是量化的保护措施，正如我所说的，止损点代表了我最多能忍受的亏损的金额。

定性保护能让我在市场碰到止损点之前就平仓，这样就扩大了我的利润率。比如，在我写作的时候（2007 年 5 月 13 日），本月我的利润是 118450 美元，我的亏损是 10350 美元。如果我总是在市场碰到止损点的时候才平仓，我的利润亏损比可能就没有这么大了。

我在建仓之前会问自己三个问题：

1. 明天市场如何走，我才会坚持持有仓位？
2. 明天市场如何走，我才会平仓？
3. 这个模式的时间止损点在哪里？

对于问题 1 和 2，要根据市场状况再结合自己的经验才能回答。通常，对于反向发展模式，我希望市场立即对我有利，也就是说，我希望看到市场从我的进场点开始，在 3 天内（建仓的那天算做第 0 天）向对我有利的方向前进了均值+1. 5 个标准偏差。

我为什么要这么想？要想回答这个问题，就要研究反向发展的具体走势。当市场突破了之前的支撑区或阻力区的时候，通常会洗掉很多人的止损单。在很多时候“信心不足的人”也会被洗出来。另外，那些喜欢在新低卖出，在新高买入的人在此时会建立新的仓位。

当市场回到之前的振荡区间时，两种市场参与者会让我感到有压力：刚刚建仓的人会给我们带来第一种压力。很多时候，他们的止损点都设置在主要区域之外一点点。刚刚止损的人（也就是信心不足的人），当他们感觉要再次进场的时候，也会给我们带来压力。

这样压力带来的效果就是在我进场后，市场突然对我有利。图 5. 21 显示了这个反向发展模式的常见模式。进场的 K 线就是主要买盘区域上面的 K 线。进场后，市场连续上涨了六天。

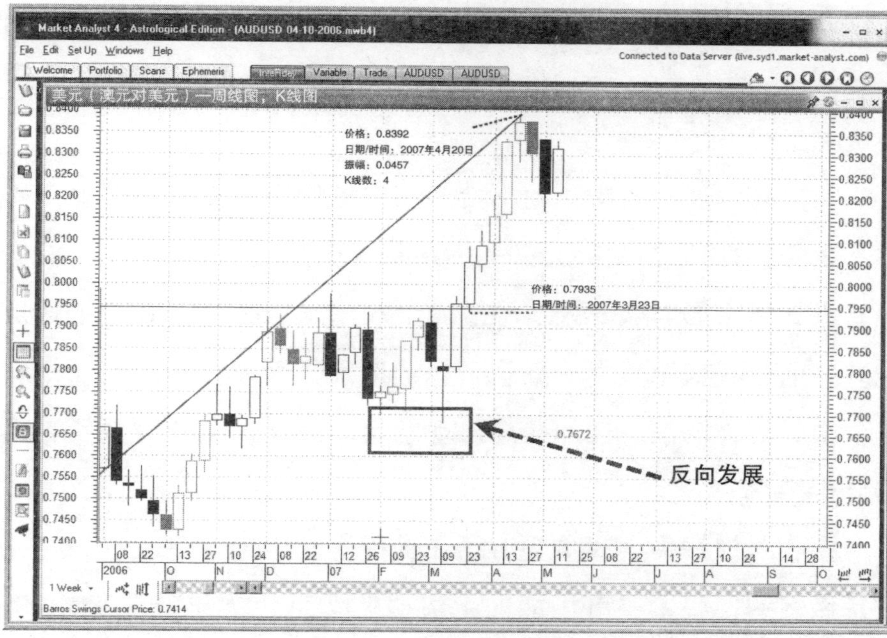

来源：市场分析者公司授权

图 5.21　澳元对美元 5 个时期 240 分钟图

我已经描述了在反向发展模式之后常见的价格波动方式。对于不同的品种，价格波动模式会有所不同。比如，外汇的价格波动方式和大豆的波动方式完全不同。对于大豆，在反向发展模式之后，市场常常会磨蹭一段时间，然后才会出现波动行情。然而，一旦波动开始了，它就会匆匆忙忙地进行下去！

我已经解释了在反向发展模式之后我希望出现的走势。现在再谈收缩模式。

对于收缩模式，我并没有太多的规定性的规则。如果收缩模式是建立在 NR4、NR7 或历史波动性比率（HVR）基础之上的，那么我预期在进场后的3到5天内会有波动行情。另一方面，我并没有具体的平仓模式。我依靠时间止损法和市场对支撑区或阻力区的反应来提前出场。我会问自己一个定性问题：我在什么样的市场走势下才会平仓？

在反向发展模式中，我不希望在进场后市场就对我明显地不利，我希望推动浪沿着我的建仓方向至少前进均值-0.5个标准偏差。如果市场对我不利，在市场的走势不到均值-0.5个标准偏差之前，我就会减仓或平仓。我的道理很简单：因为我预期有一个很强的推动浪，任何提前出现的反向波动都会让我怀疑自己的分析结果。

在收缩模式中，我希望市场在支撑区和阻力区有反应。如果我是做多的，我希望市场能向上突破阻力区；如果我是做空的，我希望市场能向下突破支撑区。换句话说，要想根据市场状况提前出场，我最重要的指标就是根据市场对支撑区和阻力区的反应方式来做判断。

最后一个我要回答的问题是：我的时间止损点在哪里？

总的来说，对于反向发展模式，在进场后的3个交易日之内（建仓的那天是第0天）波动的幅度至少是1.5个平均真实振幅。对于收缩模式，我的时间止损点是交易者时间周期波动的一半。再次说明，这些规则只是指导性的，特定品种的价格行为和模式都会有所不同的。

随后的交易管理：3 之规则

随后的交易管理由 3 之规则来管理。3 之规则的作用就是平滑我的资金曲线，它并没有必要提高我的利润率。实际上，在趋势非常强的市场中，3 之规则会影响我的利润。然而，我发现平滑资金曲线比理论上的增加利润更加重要。3 之规则的好处就是能让我在很强的趋势市场中安全地金字塔加仓。

3 之规则的四条规则：

- 交易三份合约，或三份合约的整数倍。
- 当利润可以弥补剩下来的两份合约的止损亏损时，就平掉第一份合约的仓位。举例说明，你在 300 美元的价格建仓做多黄金，你把止损单下在 298 美元，因此两份合约的潜在亏损是 4 美元。当市场到了 304 美元的时候平掉第一份合约，如果市场让剩下来的仓位止损了，你也不会亏损的。
- 在合理的目标价格平掉第二份合约。我把第二份合约叫做“核心利润合约”。我用这份合约来评估我的风险回报比——也就是用止损后的亏损额除以合约的潜在利润。

  当确定核心利润合约的逻辑目标时，我会找到交易者时间周期内和第一个低级别时间周期内模式和区域的不同之处。

  在交易者的时间周期内，逻辑的目标点和主要区域是对称的。比如，如果我在主要买盘区域附近买入了，那么当市场到了主要卖盘区域时我就平掉核心利润合约。

对于第一个低级别的时间周期，逻辑目标点是止损亏损额的两倍。举例说明，如果我在300美元买入了黄金，我的止损点是298美元，那么三份合约的风险是12美元。如此一来，核心利润合约的逻辑目标点是12美元+300美元（我的进场价）。

- 对于第三份合约，我的一个学生称之为“蓝天合约”。这份合约用来捕捉突破波动行情，这样的波动不回撤，就开始成倍地上涨。通常，市场在主要区域会失败，此时，我希望能在不赚不亏的前提下出场。然而，偶尔市场会成倍地上涨，所带来的利润可以弥补被止损的第三份合约的亏损。

跟踪止损

我根据市场的结构来使用跟踪止损，并没有采用机械标准。另外，无论我是使用18天或5天的区域，跟踪止损的公式是一样的。

第二份合约

18天区域

所有仓位的止损点能够让我做到不赚不亏，当市场到了66.7%（33.33%）之上或之下就不行了。一旦市场到了这个价格，我就把第二份合约的止损定移到对称的33.33%处。第三份合约的止损点能让这份合约保持不赚不亏。举例说明，我在主要买盘区域买入了，当市场回撤了 67%时，我把第二份合约的止损点放在 33. 33%下面。当我兑现了核心利润合约的利润时，我把第三份合约的止损点移到不赚不亏的价格。

5 天区域

我的止损点保持不变，直到我兑现了核心利润合约的利润为止。一旦我兑现了核心利润合约的利润，我就把第三份合约的止损点移到不赚不亏的价格。

第三份合约

我对第三份合约抱有信心，除非在交易者的时间周期内看起来基本上没希望了。当第一个高级别时间周期内的线转向时，交易者时间周期内就没希望了。我根据推动浪相对于均值+3 倍标准偏差的大小关系来判断第一个高级别时间周期内线转向的概率。请记住，一旦推动浪等于均值+3 倍标准偏差或大于均值+3 倍标准偏差，那么线转向的概率很高，因此这意味着我要积极地保护自己的仓位或平仓。

在推动浪走到均值+3 倍标准偏差价格的过程中，我的止损点会跟的很紧。相对于均值+2 倍标准偏差的推动浪而言，当市场走到均值-0. 5 倍标准偏差时，我可以接受市场更大的回撤。我的规则如下：

- 在均值-0. 5 倍标准偏差的价格，或更小的价格之处，我的止损点要么是不赚不亏的，要么在交易者时间周期内最后被确认的极限价格之处。这里的关键是要给市场一定的波动空间。

请注意：当市场接受了之前18天的极限价格并上涨时，就等于市场清理了之前的18天极限。图5.22说明了这个思想。当市场波动到0.5392到0.4775之间的主要卖盘区域时，我就把第三份合约的止损点移到了不赚不亏的价格。当市场涨到了0.5909之上时，0.5222就是被清理的最低价。一旦市场涨到了0.5870和0.6167的最大范围之上，那么0.5870就是最近被清理的最低价。

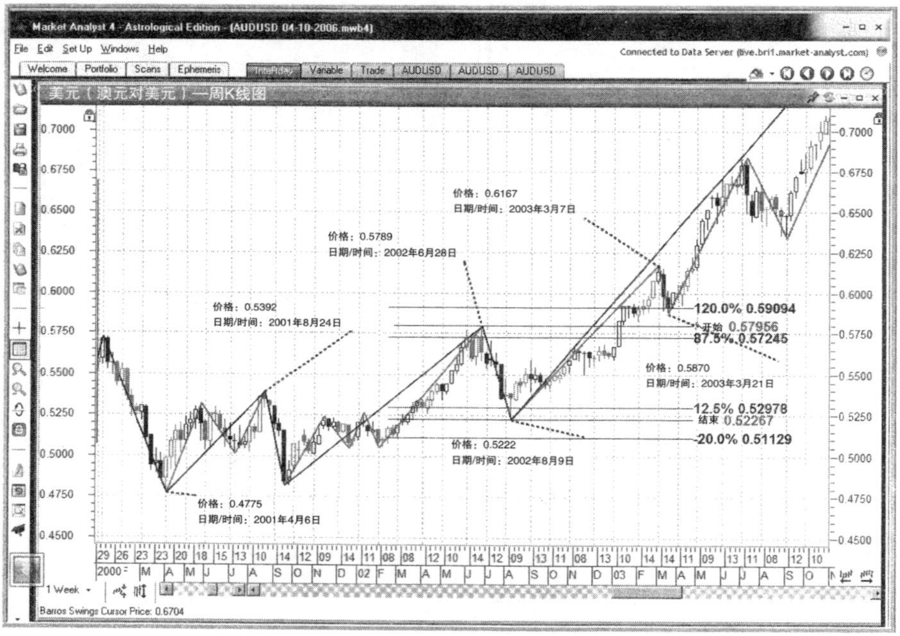

来源：市场分析者公司授权

图5.22　澳元对美元5个时期240分钟图

- 大于均值+1倍标准偏差，小于均值+2倍标准偏差：当第一个高级别时间周期内的推动浪大于均值+1倍标准偏差时，我的跟踪止损就放在第一个低级别时间周期内倒数第二个被清理的极限价格之外。

- 大于均值+2 倍标准偏差，小于均值+3 倍标准偏差：当第一个高级别时间周期内的推动浪大于均值+2 倍标准偏差时，我的跟踪止损点就放在第一个低级别时间周期内最后一个被清理的极限价格之处。
- 大于均值+3 倍标准偏差：当第一个高级别时间周期内的推动浪大于均值+3 倍标准偏差时，我把跟踪止损点放在第二个低级别时间周期内的倒数第二个被清理的极限价格之处。

以上内容只是指导性的。基本操作原则就是要给市场一定的波动空间，这个波动空间不至于改变线方向，在线方向改变之前，你就要想办法优化你的出场策略以提前出场。

总结

我们在本章讨论了低风险的进场方法和交易管理方法。关键思想就是在最有优势的时候进场，并尽量保持这种优势。当市场的走势对我们不利时，我们就要想办法出场，或至少是保护好我们的仓位，这样就能扩大利润率并减少利润的回吐。

关于低风险进场点，我们要确定好区域、模式、触发条件和初始止损点。关于交易管理，我使用 3 之规则。

我在下一章会讲解如何把各种元素综合起来，以找到低风险的优势，并把握高概率的机会。

第 6 章　有效的资金管理和赢家心态

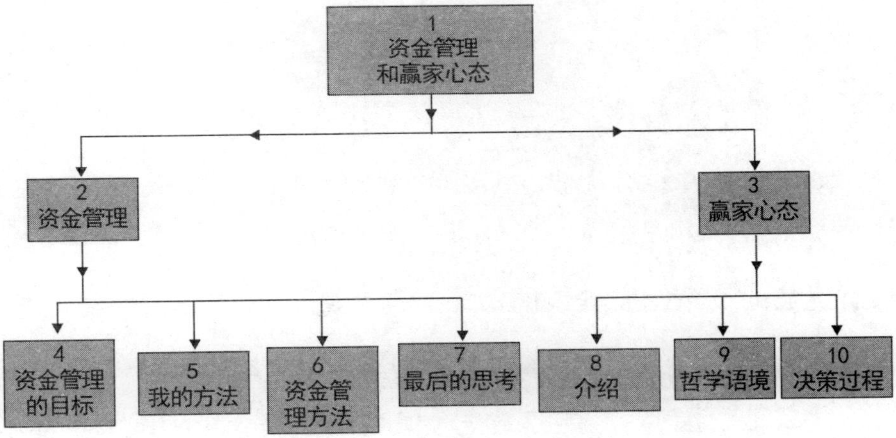

图 6.1　第 6 章的导图

概要

每本交易书都谈到了有效的资金管理和赢家心态，本书也不例外。实际上，这些话题应该用整本书来一一解释，为什么要这么说？

这是成功的公式：

赢家心态×有效的资金管理×有优势的计划

在这个公式中，赢家心态占了60%，有效的资金管理占了30%。故，有人会认为没有优势的计划也能成功。最近，我在某些书中看到，有些大师认为随便进场和出场也能赚钱。我认为，一切要以事实为依据。

资金管理

如果策略并没有优势，那么在资金管理的帮助下，我们可以活得久一点，也许能活很长时间。但是，资金管理并不能让一个没有优势的策略变成赚钱的策略。请注意，这个公式中有乘号，因此，只要有一个元素的值是0，那么总和就是0。

什么是“优势”？优势是一个赚钱的策略，在测试大量样本的时候会发现，每针对1美元的风险，资本收益都会大于1美元。可以用以下公式计算优势：

平均利润×胜率−平均亏损×败率≥1

其中：

- 平均利润就是把总利润除以赢利交易的笔数。
- 胜率就是赢利的交易笔数除以总交易笔数。

- 平均亏损就是总亏损除以亏损交易的笔数。
- 败率就是亏损的交易笔数除以总交易笔数。

成功的交易者知道，把仓位交易的胜率提高到 60%是没指望的，他们宁愿把这样的胜率留给那些为数不多的交易天才。像你我这样的普通人，45%到 55%的胜率已经够好了。亏损的新手和有经验的成功人士之间的区别在于平均利润和平均亏损。对于大部分专业人士来说，两者的比率可以是 3∶1 和 4∶1。如此一来，在胜率为 45%的前提下，仍然能得到很高的回报。

要想得到预期的回报，就要采用赢利的策略。

有效资金管理有哪些功能?

在最大化资本利润率的时候，还要防止爆仓的风险，这两点要平衡好。爆仓就是指亏的钱太多了，无法继续玩下去。大部分新手都不重视爆仓的风险，重视这个问题有利于我们的成功。如果我的本金是 10 万美元，每笔交易我只愿意接受 100 美元的风险，那么我们对本金的利用是不足的。另一方面，如果我们在每次交易的时候所冒的风险是 10 万美元，那么我们迟早会爆仓的。

资金管理的目标

要想在资金管理的时候做到平衡，你需要问自己几个问题：

每笔交易最多亏多少?

- 在任意时刻，我能容忍的账户总风险是多大?
- 当我的账户增值的时候，我应该如何加仓?
- 当我的账户资金曲线回撤的时候，我应该如何减仓?

要想回答这些问题，我们要看一些参数。这些参数能被分成两组：

- 一组是主观的，能评估我们的风险策略是保守了，还是积极了。
- 另一组是客观的，包含的因素有：市场的波动性、品种的波动值，平均每笔的利润、胜率，平均每笔的亏损和败率。

目前，有两个资金管理的理论很流行。一种叫固定百分比交易，很早就有人在使用这个方法了。另一种叫固定比率，是赖安·琼斯想出来的。

固定百分比交易

每笔交易的风险是资金的一定百分比，这意味着，如果我们的起始资金是 10 万美元，亏损 2%就止损，那么下一笔交易时我们的资金就是 9.8 万美元。如果我们又亏了 2%，再下一笔交易时我们的资金是 9.604 万美元。

这个方法有两个劣势：

- 如果我们连续多笔亏损，我们的赢利百分比必须很大才能回本。
- 如果我们连续多笔交易赢利，随着赢利笔数的增加，越来越多的资金处于风险之下。

表6.1显示了当我们使用固定百分比资金管理时，如果连续多笔亏损，结果会如何，亏损一栏显示了结果。亏损了50%以后，我们必须让现有资金翻番，这样才能回本。

表6.1　固定百分比交易的利润和亏损的影响

亏损			利润		
资金	亏损百分比(%)	回本需要上涨的百分比(%)	资金	赢利或亏损百分比(%)	利润或亏损金额
$10,000.00	20.00%	125.00%	$10,000.00	20.00%	$12,000.00
$8.000.00	10.00%	142.86%	$12.000.00	10.00%	$13,200.00
$7,200.00	10.00%	156.67%	$13,200.00	10.00%	$14,520.00
$6,460.00	10.00%	200.00%	$14,520.00	10.00%	$15,972.00
			$15,972.00	-50.00%	$7,986.00

利润这一栏显示了用固定百分资金管理方法在连续获利后的情况。在连续几次获利后，如果遇到了50%的亏损，风险并没有以前的那么大，我们只是亏损了20.14%。

固定比率

在这个方法中，我们用固定的比率加仓，赖安·琼斯把这个比率叫做德尔塔（delta）。

加仓的公式是：

之前要求的资金+（合约数×德尔塔）=下一个资金水平

让我们看看琼斯的书《交易游戏》（*Trading Game*）第84页提到的例子：

德尔塔：5000 美元

起始资金：1 万美元

开始的合约份数：1

1 万美元+（1 × 5000 美元）= 1.5 万美元，增加到 2 份合约

1.5 万美元的资金，合约数增加到 3 份合约

1.5 万美元+（2×5000 美元）= 2.5 万美元

2.5 万美元的资金，合约数增加到 4 份合约

2.5 万美元+（3×5000 美元）= 4 万美元

为了减少合约数，他建议减仓的速度必须快于加仓的速度。减仓的公式为：

[CL -（CL - PL）×X%] =减仓后的资金水平

其中：

CL=现在的水平

PL=之前的水平

X%=变数百分比

假如之前的水平是 9 万美元，现在赚了 1 万美元，所以现在的水平是 10 万美元。假如德尔塔是 5000 美元，减仓速度是加仓速度的两倍，现在水平的减仓速度是：

1 万美元-（10 万美元-9 万美元）×50%=9.5 万美元

琼斯说加快减仓速度是有劣势的，我同意这个说法：

> 就像固定百分比交易一样，你减仓的速度加快了，你在亏损的时候回本的能力也相应地降低了。当资金曲线持续回撤时，快速减仓方法的亏损小于百分比方法带来的亏损。
>
> （《交易游戏》第 99 页）

然而，固定比率法也有缺点，我解释一下：

> 假如说品种 X 每天的平均真实振幅是 2000 美元，品种 Y 每天的平均真实振幅是 400 美元，你认为哪个品种比较容易实现 1200 美元的利润，是 X，还是 Y？

这正是固定比率交易的问题。因为它处理的是资金额，它认为资金额一样，那么品种就是一样的，但是并非如此。我比较喜欢考虑投资品种的波动性，把波动性的因素加到公式中，这样才能应用到一些品种上面。

我的方法

要想搞明白我为何要使用这个公式，那么就要回到一个阳光明媚的星期六，当时我在罗斯希尔听课，课程内容是如何预测比赛的结果。在听课的时候，有人谈到了丹・斯科特，他是澳大利亚老资格的足球运动员。斯科特在自己的书《正确评估》（*Weights Right*）中说，如果某个球赛的胜率是 30%，那么无论你上一局下注多少，下一局的概率和上一局并没有任何关系。

斯科特讲的是球赛的事，但是他的思想可以应用到交易。如果我的账户里面有 9.8 万美元，我估计下一笔交易的胜率是 60%，那么，无论上一笔交易是否赢利，下一笔交易的仓位大小不能变。换句话说，如果我一开始的资金是 10 万美元，胜率是 60%，我的建仓量是 10 份合约，那么，不管上一笔交易后我的账户变成了 9.6 万，还是 10.4 万，我下一笔仍然要建仓 10 份合约。

开始时可以这么做，如果我们坚持按照这个逻辑做交易，我们会遇到问题。如果我的账户跌到了 5 万美元，或增值到了 25 万美元，我的仓位还是 10 份合约，那么很明显，这个方法并没有做到在扩大利润和减小爆仓风险之间取得平衡。

为了克服这个劣势，我想把固定百分比交易和固定比率交易的思想综合起来。

首先，我要设置一个门槛值，如果不到这个门槛值，我就不会在赢利的时候加仓。多年来，为了计算这个门槛值，我的方法改了又改。我现在的思路来自 T·钱德的《超越技术分析》。

他建议用以下公式计算资金曲线的最大回撤：

$$3 \times 月度亏损的标准偏差$$

另外，我使用一个公式来估算任意时期内的最大可能连续亏损，公式是：

$$M + \sqrt{3} \times 3$$

其中，M = 到目前为止的平均连续亏损。

结合这两个公式，只要我的资金增值了 15%，我就加仓。

为了回避固定比率理论的问题，我并没有参考金额值，我参考的是进场价。我使用百分比的方法来计算交易和合约的变化。举例说明，假如说我在 1500 买入了 10 份迷你合约，然后在 1520

离场了，这笔交易的利润百分比是：

（1520−1500）×10/1500＝13%

根据合约来计算，这笔交易的利润百分比是：

（1520−1500）/1500＝1.3%

下一步就是使用彼得·史泰米亚的有效资金管理方法。当他在课堂上讲解市场轮廓的时候，史泰米亚建议仓位大小要根据成功率做调整。我把风险分为三个层次：

- 大于正常值的机会：我的仓位是正常仓位的两倍。
- 正常的机会：我的仓位就是正常仓位。
- 小于正常值的机会：我的仓位是正常仓位的一半。

第四步是期望回报，我在本章开始的时候介绍了这个概念：

（平均利润百分比×胜率）－（平均亏损百分比×败率）＝长期成功

交易者必须用大量的样本来测试这个公式，且结果要大于 1，这样才能成功。我发现有些话很有道理：交易者能控制的是进场和出场，很难控制胜率。

表6.2 我在交易时的一些统计数字

月份	交易笔数	赢利笔数	亏损笔数	利润（美元）	亏损（美元）	月度期望比率	每月的结果（美元）	每月的期望值（美元）	总利润（美元）	总亏损
									167	-172
2006									月度收益	
9月	10	7	3	24915.00	-2662.50	9.36	22252.50	16641.75	25286.93	2.76%
10月	26	12	-14	103937.50	-34337.50	2.59	69600.00	29481.73	79090.91	8.64%
11月	3	2	-1	3025.00	-125.00	24.20	2900.00	1975.00	3295.45	0.36%
12月	23	13	-10	28815.00	-42005.00	0.89	-13190.00	-1976.30	-14988.64	-1.64%
2007										0.00%
1月	36	18	-18	61700.00	-51146.20	1.21	10553.80	5276.90	11992.95	1.31%
2月	44	20	-24	94334.70	-38263.60	2.05	56071.10	22008.35	63717.16	6.96%
3月	34	17	-14	130027.50	-70125.00	1.85	59902.50	29951.25	68071.02	7.43%
4月	47	24	-23	63745.00	-50745.00	1.31	13000.00	7717.98	14772.73	1.61%
5月	26	16	-10	62000.00	-36625.00	2.71	25375.00	24067.31	28835.23	3.15%
6月	44	15	-29	182950.00	-132957.50	0.71	49992.50	-25261.76	56809.66	6.20%
7月	46	23	-23	141982.50	-42915.00	3.31	99067.50	49533.75	112576.70	12.29%
8月									0.00	0%
9月									0.00	0%
				897432.20	-501907.30	1.8	5374	-2918		

表 6.2 中是我保留的统计数字。我的财务年度是从第一年的 9 月 1 日到次年 8 月 31 日。因为大部分读者喜欢看金额，所以我展示的是金额，不是百分比。

请注意年度总利润和总亏损的差，总利润比总亏损多，比率大约是 1.8∶1。年度期望比率也碰巧是 1.8∶1。根据我的测试结果来看，这是比较低的预期，比较高的是 2.3∶1。6 月份最有教育意义，因为我在 6 月份没有控制自己的亏损，我在 6 月份赚的最多，也亏的最多。我在 6 月份亏的钱差不多是在其他月份亏的钱的两倍。

我之所以把这些数字拿给你看以吸引你的注意力，原因是在交易时，我们唯一能完全控制的就是进场和出场。多年前，我在网上看到了《幽灵的礼物》中的很多内容，作者建议大部分交易者在市场证明他们错的时候出场。他认为更有效的方法就是让市场去证明一笔交易是对的。如果市场没有证明一笔交易是对的，你就应该立即出场。

我认为这个说法和我的交易风格是一致的。无论何时，当我建仓时，我知道在什么状况下持仓，我也知道最多持仓多久，如果我想要的状况没有出现，我是不会再等待的。一旦时间到了，我就平仓。品种不同，模式不同，持仓时间也不同，我在第 5 章解释了这些概念。

资金管理方法总结

现在把我的各种资金管理原则总结一下。

在使用公式的时候，账户的资金曲线的最大回撤不超过 24%

（极限是30%），最大连续亏损不超过10%（极限是15%）。根据我的风险目标和这些公式：

- 正常仓位的止损是资金的2%。
- 我允许的账户最大亏损是10%。
- 我认为连续4笔亏损是正常的，超过这个数字时我会停下来休息。
- 我的门槛值是15%，我在资金增值15%之后才会加仓。我在账户资金曲线回撤7.5%的时候减仓。我把根据进场价算出来的上涨百分比和下跌百分比作为辅助工具。

我使用时间和结构状况来扩大利润，减少亏损。

最后的思考

在谈论赢家心态之前还要谈论两件事。目前，我已经考虑了我的主观的风险概况和交易概况，包括胜率和平均利润。我还考虑了市场数据，包括波动性，在交易前还考虑到了仓位大小。我用来定义合约大小的公式很复杂，但是海龟的方法则比较合理，也比较接近我的方法：

风险资金百分比/投资品种平均真实振幅的金额

举例说明，假如说迷你合约的平均真实振幅是10点，我的资金是10万美元，那么建仓的合约数是：

（2%×100000）/（10×50美元）=2000/500=4

算出这个结果后，我再主观地评估这笔交易以决定是要加仓或减仓。如果要加仓或减仓，我就会相应地调整止损点和“海龟仓位大小”。我用主观判断的方式确定最终的止损点和海龟仓位大小。

让我们来看一个例子。

我在 3 月 6 日买入了澳元对美元这个货币对。如果我的账户资金是 10 万美元，我的仓位大小为 2 万份澳元对美元，我是这样计算的：

- 正常仓位的止损是 2000 美元（2%×100000）。
- 如果在 0.7757 进场，在 0.7667 止损，那么每买入 1 份，风险就是 90 点（译者注：作者没提到杠杆，估计是 10 倍的杠杆），这意味着我的仓位可以是 2 份。
- 澳元对美元这个货币对的波动性是每天 70 点（译者注：上面的 90 点其实就是 90 美元，而此处的 70 点作者没有解释，应该是 70 个基点），因此海龟的仓位大小是：2000/700 = 2，3 份合约。
- 现在我要考虑仓位是大点好，还是正常的大小好。

我是这样分析的：

- 18 天趋势持续下去的概率很大，这是优势，可能的目标在 0.8840 附近（这意味着我要在 0.8800 到 0.8820 附近平掉最后三分之一的合约），这是反向发展模式。
- 核心利润比率是 2.8 : 1，这是劣势。因为我喜欢在建仓之前把比率减少 33%，所以我希望这个比率再高点。根据这些因素，我应该建仓6份合约。

图6.2显示了进场的细节。

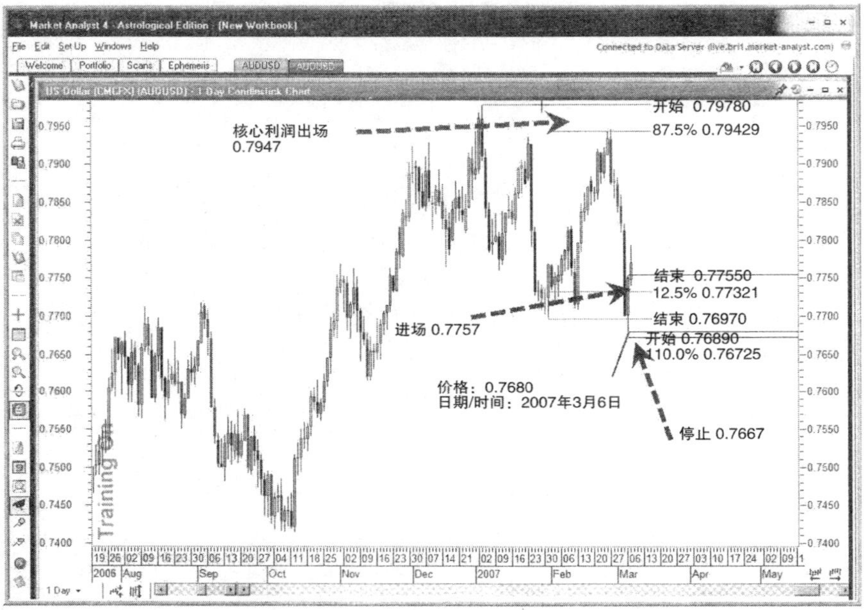

来源：市场分析者公司授权

图6.2　澳元对美元日线图

最后一个问题是，我们是否有客观的方法帮助我们确定资金风险百分比。

2%的原则是一个很好的原则。还有一个比较好的方法是，在赢利30笔以后，计算最大不利振幅。约翰·斯维尼在《最大不利振幅》（*Maximum Adverse Excursion*）一书中介绍了这个思想。

这个思想很简单。研究赢利的交易，看看在赢利之前市场会向对你不利的方向走多远，然后用这个信息算出你的风险，把这个风险转化成账户资金的百分比。以下是我采用的步骤：

- 如果市场对你不利，算出最大的亏损金额。假如说对于赢利的交易，市场一开始对你不利 3 个点，那么金额就是 50 美元×3＝150 美元（译者注：作者没具体说，估计是 1 个点相当于 50 美元）。
- 如果你的账户资金是 2 万美元，假如只交易一份合约，这意味着波动是 150 美元/20000，相当于每份合约是 0.75%。
- 30 笔交易都这样计算。
- 然后算出均值和标准偏差。
- 我把均值+2 倍标准偏差作为我的标准。换句话说，我会算出市场在最终对我有利之前对我不利的百分比程度。
- 当你在交易中使用这个方法的时候，要确定你在计算时以一份合约为基础。比如，假如说你的均值是 1%，标准偏差是 0.25。以一份合约为基础，你的风险是每份合约 1.5%。
- 最后一步是检查你的风险概况，并对正常的交易设定一个亏损百分比。

以上就是我的资金管理思想的简短总结。现在再来谈论成功交易中 60%的因素：赢家心态。

赢家心态

概要

在成功等式中，心理占了60%。赢家心态包含的因素很多，从行为金融学到成功和非成功交易者的素质，从自动情绪反应管理（也就是所谓的“大鼠脑”）到决策过程，从理解克服心理障碍到掌握交易技术，这些都包含在内了。

在本章，我会总结我认为重要的内容。我将从哲学语境开始讲，然后会讲到决策过程。之后，我们会检查一些技术，这些技术能帮助我们处理情绪问题。

哲学语境

像交易这样的事业，哲学语境很关键。有很多东西对我的生活产生了最大的影响，其中就有艾茵·兰德的作品，艾茵·兰德是小说家、哲学家，她的作品并没有得到足够的重视。

兰德在作品中说人们的行为语境就是“客观现实”，为了面对客观现实，我们需要理由。最近有一些研究，比如安东尼奥·达马西奥的研究工作，这些研究表明没有情绪的决策过程是不可能的。简而言之，研究表明有活力的决策过程需要理性和情绪。我认为这些发现是兰德思想的扩展。

兰德还说要想做到理性，人们要拥有的美德之一就是诚实。她把诚实定义为不以任何形式有意识地捏造现实。这里的关键词是“有意识地”。我们有可能会误读了现实，从而犯错，但是我们不能故意地捏造现实。

我认识一个人，他的行为能说明他曲解了现实。

他和我差不多是同时开始交易的，他对待亏损的方式就是不看经纪公司的关于亏损的交易确认单。他的理由如下：他会慢慢地回本的，如此一来确认单都只是暂时的。而对于赢利的交易确认单，他却铺天盖地地摆在桌子上面。过去 30 年来，他没有一年是赚钱的，这就不奇怪了。

诚实这个美德是成功交易的基础。没有这个美德，我们就不能从亏损和错误中总结经验教训，我们就会回避亏损并夸大自己的利润。

要想做到诚实，我们还需要掌握一些技术。其中一个技术就是有活力的决策过程。

决策过程

左脑，右脑

左脑负责逻辑思考。我能给你最好的建议就是采用兰德的建议：检查你的假设前提。为了保证我能做到这点，我的分析决策过程会考虑到三种可能的趋势：上涨趋势、下跌趋势或横盘振荡。我将在本章后面举一个本人的例子。

决策过程的另一个方面就是创造性，这是右脑的功能。在决策的过程中，我能根据经验产生一些交易思路。以下是一个例子：

我交易的是 18 天的时间周期。第一个高级别的时间周期是 12 个月，第二个高级别的时间周期是 13 周。因为我采用自上而下的方法，我要先观察 12 个月的波动，也就是看看有什么特别的地方。通常，我会寻找这个问题的答案：从 12 个月的时间周期来看，18 天趋势会改变吗？图 6.3 显示了 12 个月时间周期内的澳元对美元。

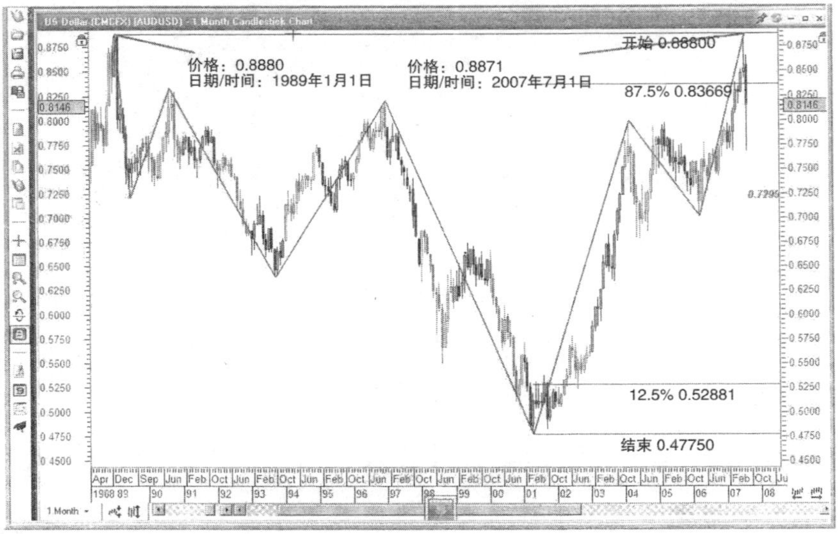

来源：市场分析者公司授权

图 6.3　澳元对美元——12 个月的波动

我想指出的是，市场有可能进入横盘振荡。市场的月线收盘价低于 0.8366 就是市场进入横盘振荡的预警；连续两个收盘价下跌则更加确认了这点。如果市场形成了横盘振荡，那么波动目标就是主要买盘区域，价格在 0.5288 到 0.4775。

另一方面，如果市场的收盘价在 0.8366 附近或大于 0.8366，那么我们会看到在开盘价或收盘价（看哪个价格更低）和最低价之间出现了很强的拒绝极端。对于 18 天的澳元对美元这个货币对的趋势来说，这是看涨的。

在本质上，我是在做头脑风暴，我在研究图表，关注看涨模式、看跌模式和中性模式。

对于 13 周和 18 天时间周期，我要重复这个过程。如果我在

5 天级别的波动上看见了可能的预测模式正在形成，我就会转到 5 天波动做细致的观察。

完成了这个过程后，我有一个列表，这个列表中有一些问题，我要通过左脑的分析并给出解答。例如：

- 18 天的趋势如何，这个趋势会持续下去，还是会改变？要回答这个问题，我要考虑 12 个月和 13 周时间周期内的趋势和相关的支撑区、阻力区。这个问题的答案能让我找到一个策略。这个策略能告诉我是否要交易，如果要交易，这个策略能告诉我是买入，还是卖出。有了这个策略，我现在要寻找低风险的进场点。
- 如果要买入，支撑区在哪里；如果要卖出，阻力区在哪里？一旦我找到了支撑区和阻力区，我就要确认市场是否在这些区域附近。如果市场在这些区域附近，我就开始回答下一个问题。
- 市场是反向发展模式，还是收缩模式？如果找到了答案，我就开始回答后面的问题。
- 如果我要建仓，我要根据哪个模式建仓，初始止损点在哪里？我在哪里平掉核心利润合约？我的回报风险比是多少？回报风险比是否表明这笔交易值得做？我的第三份合约的目标在哪里？对于核心利润合约，我要持仓多久？对于第三份合约，我要持仓多久？
- 其他问题包括：如果今天建仓了，我还要关注哪些方面？进场后，要想等市场出现平均真实振幅 1.5 倍的波动，我愿意等多久？在什么情况下我会立即平仓？

回答了这些问题，我在进场后就有了导图。表 6.3 是我使用的列表，以衡量我的客观性。如果我是看涨的，那么所有的评分应该支持这个结论。

表 6.3　评估列表

日期				
因素	单元	指标	评估	总和
价格	结构	雷氏波动		
	目标	第一波		
		斐波那契		
		Hurst 指数		
	动量	雷氏时钟		
成交量	总和	总和		
	买入/卖出	市场三角洲		
	买卖水平	市场轮廓		
时间	江恩	江恩和调和		
	循环	Fortucast 公司提供的服务		
		厄兰格提供的服务		
情绪	观点一致	低语数字和情绪一致		
	COT 报告	Upperman 提供的服务		
	消息	报纸期刊		
评估	3 代表非常看涨，-3 代表非常看空，数值从 1 到 3			

（译者注：本表中的部分指标，作者没做任何解释，读者需要自己做研究。）

完成这个列表之后，如果结论和我的分析不一致，那么我就重新分析，我要检查我的假设前提。我的目标就是力所能及地反映现实。这个过程就是让我认为“这笔交易可能会赚钱”，然后我在进场后，我要有能力看出价格的波动。

如果我决定了要建仓，还有最后一步分析工作：我要问：“我在建仓时会有什么感觉?”如果我没有内心冲突，而且我感到很舒服，那么分析工作就结束了。但是，如果我感到不舒服，那么必有原因。原因要么在图表中，要么在我的生活中。当我们感到不舒服的时候，这很重要，这表明我的潜意识感觉到了某些信号。

我举一个明显的例子，这件事发生在几年前我的交易生涯之中。当时有一家开发软件的公司叫证券系统，他们为路透社提供服务。这家公司请我做他们的技术顾问，他们同意我在工作时做交易，也可以使用实时信息系统。有一天我在中午收盘前买入了 10 年期债券，我的一个朋友也买入了。我买入后就感觉不舒服。我的朋友说我像“热锅上的蚂蚁”。实际上，我的感觉太不好了，我希望立即平仓，但是市场已经收市了。当市场在下午 2 点钟开市的时候，我拿起电话，就以市价平仓了。

当然了，我刚卖掉，市场就上涨了。我的朋友问我为什么要平仓，还问我看到市场如此之强时有什么感受。我告诉他：“我不知道。平仓后我感觉很高兴。”

30 分钟后市场下跌了。雪上加霜的是，那次下跌太猛了，我朋友的止损单无法按照设置好的价格被执行，而是多跌了 2 个点才被平仓，这样的事在当时是很少发生的。

当天晚上，我重新分析这个品种的图表，我实在找不到当时要平仓的理由。

检查的过程要求我们尽量做到诚实，这样我们才能区分直觉和“一厢情愿”。如果检查工作做得很好，这将会是主观交易者的得力工具。

还有一个右脑工具叫情景规划，或叫拟定情景思考法，这是一个策略计划工具，有些公司会用这个方法制订长期计划。

情景规划

情景规划要求我们每个人都要有讲故事的能力。一旦我们知道了市场的走势，我们就能在事后编故事、找理由、做分析。在情景规划中，我们可以提前有效地这么做。我们就当未来已经发生了，我们提前定义标准。因为市场是不确定的，我们可以产生多个观点，每个观点都有自己的内在逻辑和完整性。

我的情景规划有三步，我改编自彼得·史瓦兹的《前瞻的艺术：不确定世界的规划》（*Peter Schwartz's The Art of the Longview: Planning for the Future in an Uncertain World*）。

- 确定自己的假设，趋势是上涨的、下跌的或横盘振荡的。
- 确定三个趋势的标准。
- 为三个趋势各自编一个小故事，确认趋势的标准要和故事一致。

这并非是唯一的结合左脑和右脑的分析方法。这只是我的方法，也许对你并不适用。我建议你在决策的过程中，要结合逻辑性和创造性。

行为金融学

在所有的过程中，我们要注意行为金融学确定的某些偏向。我不会在这里详细解释这门科学，有很多优秀的书籍解释了这门科学，其中有 R·L. 彼得森的《投资者的大脑》（*Inside the Investor's Brain*）。我想把影响我的学生最多的偏向指出来。

锚定

当一个交易者不是根据当前的市场状况进出，而是根据某个价格进出时，锚定就发生了。有些人，比如我的妻子克莉丝汀，她见过我最好的交易，也见过最差的交易，她就懂这个意思，但是这也说明了另外一个道理。

我在多年前就能持续一致地赚钱了，克莉丝汀说她也想交易。商量之后，她用 2.5 万美元开始交易，我同意让她自己做交易决定。几天后我们的朋友霍华德·艾略特建议她以 25 港元的价格买入香港的 PCCW，他认为这只股票的波动会持续一周到十天。

克莉丝汀在 20 港元买入的，一天后 PCCW 的价格涨到了 25 港元！哇，一天之内就赚了 20%！她平仓了吗？当然没有。她认为这笔交易能让她赚到 100 万。PCCW 的价格到了 25 港元之后就开始下跌了，最后又回到了 20 港元。此时，我说：

“你不准备平仓吗？”

“只要它到了 25 港元，我肯定会平仓的。”（她已经锚定了

25港元。）

“如果它涨不到25港元，怎么办？”我问道。

“如果它跌到了20港元以下，我就平仓。”

第二天，开盘价跳空向下，我就问道：

“你不准备平仓吗？”

“等它到了20港元，我就平仓。”（她现在锚定了20港元。）

PCCW最后跌到了5港元左右，在整个过程中，克莉丝汀总是锚定了每个反弹的高点。

克莉丝汀的行为就是典型的锚定症状，一开始锚定了目标出场点，然后又锚定了进场点。为了避免这种偏向，我们要根据自己对市场状况的评估设定出场点，不能根据价格设定出场点。

厌恶亏损

下一个比较常见的偏向就是厌恶亏损。

我在前面讲资金管理的时候，我指出总利润必须大于总亏损才是成功的关键，或者用华尔街的话来说：“截断亏损，让利润奔跑。”但是我们总想避免痛苦，大部分交易者一看到亏损就觉得痛苦。厌恶亏损的心理可能会导致我们大亏。问题在于市场是不确定的，我们无法知道未来是什么样子。当市场一开始对我们不利的时候，我们就以为市场会反转的，会让我们回本的。有时候市场确实是这么做的。尼克·里森是巴林银行的一个声名狼藉的交易员，他一开始认为在亏损的时候加仓就行了。

然而，有时候市场并不会扮演救火员的角色，此时，会发生两件事：

- 恐惧心理会蔓延到思维和情感，如此一来，亏损带来的痛苦会进一步发展成为对后续亏损的恐惧感。此时我们会冲动地平仓——之后市场通常会出现对我们有利的波动。
- 如果我们在交易时采用了杠杆，我们亏钱后就无法追加保证金了（尼克·里森在巴林银行亏的太多了，这家有 200 年历史的银行最终以一英镑的价格被出售了）。

最好的克服厌恶亏损的方法就是制定交易策略。你要知道在什么情况下持仓，在什么情况下平仓，还要知道在哪里止损。

赌徒谬误

第三个偏向就是赌徒谬误。因为我们已经连续亏了几笔或赢了几笔，我们就以为要转运了，于是不分析市场状况就做了决定。加倍下注的资金管理方法就是以这个思想为基础的。这个方法并没有理性的基础，只会导致爆仓。

避免这种偏向的方法就是要单独对待每笔交易，并评估每笔交易的价值。

到目前为止，我们已经处理了认知方面的问题。下一节我提出拯救交易者的方法，也就是在交易者感到有压力的时候管理自己的情绪。

管理压力

并不是所有的压力都会让人能力下降。米哈里·契克森米哈赖在他的书《心流》（*Flow*，骑士公司 2002 年出版）中发现一定程度的压力有助于提升业绩——指压力并不是太大，只要努力一点，是可以解决问题的。当压力让我们情绪紧张时，我们就有问题了，此时，我们就会有两种情感：恐惧和无助。

当我感到有压力的时候，我就不按照计划交易了，而是凭感觉交易。结果是，我的出场点和计划中的出场点不一样，亏损额都超过了资金管理原则规定的额度。我必须采取一定的办法以控制自己的紧张程度。

首先，提前知道自己何时会紧张，第二，我们需要一套工具，用这些工具来控制情绪并接受当前的状况，这样就能帮助我们正常地操盘了。

第一个要求是一种自我意识。我们要知道自己的身体反应，知道这是一个信号，知道自己此时很难做出有效的决策了。以我为例，因为我做日内交易，我发现自己在建仓时最容易紧张，我在开市时不看价格波动就相对比较轻松。

我使用的短期工具有：

- 我买了一个生理反馈仪器，这个仪器能告诉我我的紧张程度。
- 我站起来，离开计算机，到外面活动一分钟左右。这个小小的锻炼还是很有效果的。我能集中精力并回到交易室重新分析市场。
- 我还使用一个长期工具，我称之为积极冥思，我发现这个很有效。

可能大部分人都知道冥思的意思。很多书上都提到了传统的冥思技术及其效果。积极冥思就是在使用传统的冥思技术的同时再加上身心语言程序学中的锚定。这意味着我们在冥思的同时要加入一些肢体动作。如果我们同时加上音乐的辅助，是有帮助效果的。一段时间以后，我们会发现，同时使用锚定和音乐，我们就能自动地进入冥思状态。

一旦实现了这点，我们就要想办法缩短进入阿尔法状态的时间。比如我，加快的过程没有产生像正常冥思那么深的状态，但是能让我快速进入阿尔法状态，并控制住珍妮丝·丹博士所说的“大鼠脑”（Dr. Janice Dom calls my “rat brain”）。

积极冥思能让我在喧嚣的交易时段保持镇静并做到注意力集中。这个工具比其他工具都强，它告诉我意识就是一切。

这些想法和工具在实战时有用吗？前不久，我和我的一个学生做了一次实验，我们想知道这个方法在短期内是否有用，当时我心里也在犯嘀咕。我们参加了 2007 年 6 月举办的丹尼尔杯百万美元期货交易大赛。

你要知道，这个交易大赛是竞争性的，很难使用做长线的方法。正因为这个原因，我负责策略，我的学生安娜·王负责执行：我确认趋势和仓位大小，安娜确认区域、进场和出场策略。

在比赛结束的前一天，我们的业绩是第一，得分是 74.40——请看图 6.4：

百万美元交易大赛——7月27日的最新战况

发件人：James A. Kamlneckl jkaminecki@danielstrading.com，时间：2007年7月31日21:39
收件人：匿名收件人，<jkaminecki@danielstrading.com>

百万美元交易大赛

7月27日的战况

参赛者的账户只显示了最后两位数字，以下是目前的排名。

排名	交易者	2007 年 7 月 27 日的收益率
1	55	74.40%
2	425	70.49%
3	38	11.35

致以问候

詹姆斯·A·卡米内基
邮政编码：60606
伊利诺伊州芝加哥市，1225号大楼，沃克大街南100号

图 6.4　丹尼尔杯交易大赛期间的交易结果

最后一天市场的振幅比较小，不适合长时间持仓。我想寻找一些日内交易的机会，但是找不到。最终我们的本金收益是75.29%——请看图 6.5。真正的第一名在最后一天赶上了我们。

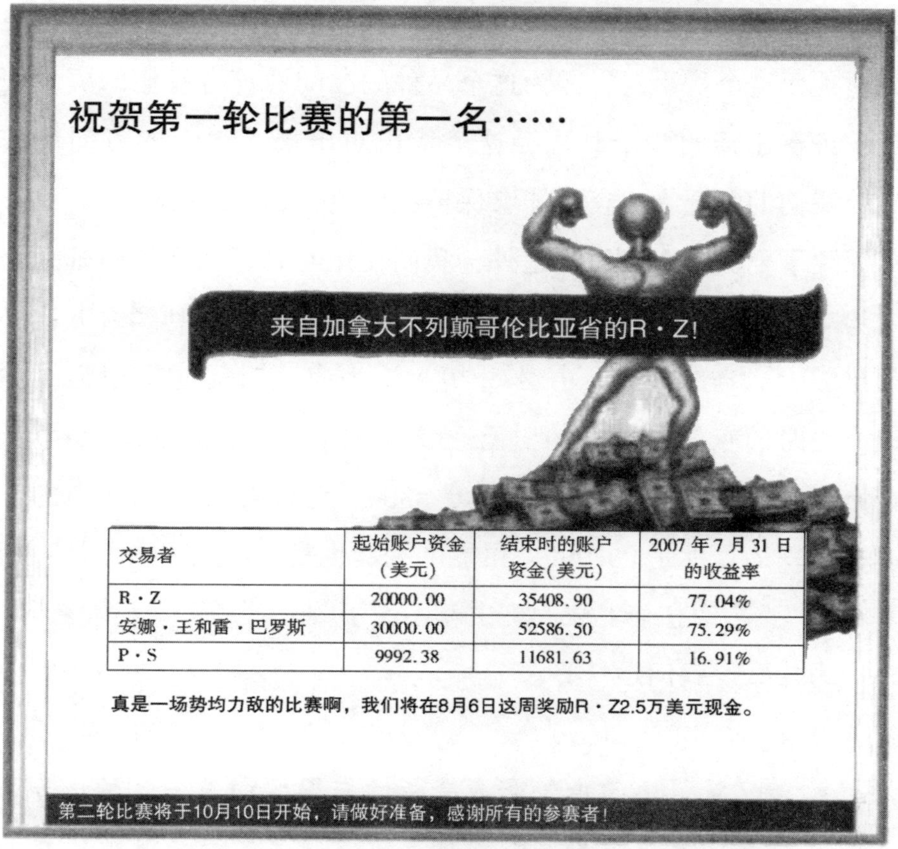

交易者	起始账户资金（美元）	结束时的账户资金(美元)	2007 年 7 月 31 日的收益率
R·Z	20000.00	35408.90	77.04%
安娜·王和雷·巴罗斯	30000.00	52586.50	75.29%
P·S	9992.38	11681.63	16.91%

来源：在丹尼尔交易公司的允许下使用此图表

图 6.5　丹尼尔杯交易大赛的最终交易结果

有趣的是，我们取得了 75%的收益，但是最大初始风险只有 15%。负责这次比赛的经纪公司告诉我的搭档：“无论在 7 月 31 日这天的第一名是谁，雷先生为大家树立了一个标准。”（詹姆斯·卡米内基于 2007 年 8 月 4 日写给安娜·王的电子邮件中是这么说的）

然而，我们只是运气好，明白这点也很重要。为什么说是我们运气好呢，我需要解释一下：我在比赛的时候选择的品种是澳元对美元这个货币对。因为这个品种的波动性符合我们的资金规模，且在比赛的两个月内，这个货币对出现了很强的方向性波动。我们的资金大小正好能够保护我们免受爆仓的风险。

除了要面对账户风险之外，我们在比赛时还遇到了另外一个劣势。当用比较小的启动资金交易时——要产生的利润百分比必须足够大。当时我做了技术分析，认为澳元对美元有很强的波动。当时的底部在 0.8400，无论市场是向上，还是向下，市场都会有突破行情。上涨的目标是 0.8800，可能会带来 400 点的利润，下跌的目标是 0.7990，可能的利润也是 400 点（译者注：指基点）。我希望它会上涨，理由就不说了。

为什么说我们运气好？

- 澳元对美元的走势和我分析的概率方向是一致的。如果一笔一笔地分析，概率对交易有利并不意味着单笔交易会赚钱，只能说通过大量的交易，长期下来概率能够提供优势。因此，对于单笔交易的结果，在短期来说是没有分析价值的。
- 澳元对美元向上突破了，带来了很大的利润。它没有必要在一个月内从 0.8400 涨到 0.8800。没错，我确实认为可能会出现对我有利的波动，但是市场并非会这么走。

这次比赛表明了我在本书中讲到的工具，尤其是让我不紧张，并让我注意力集中的工具能够为我带来利润——不仅仅是我可以做到这点，任何使用这些工具的人都能做到。这里要谈到我使用的一个方法，我用这个方法防止自己在交易时改变了“大鼠脑”。

在意识层面上，这叫做接受交易的结果。接受意味着有能力意识到某个情绪，但不会“纠缠于其中”，不会“太在意”。

举例说明，假如说你刚刚建仓了，后面的一根K线振幅很大，对你不利。你也许会这么想：

“上帝啊，又这样啦！我怎么总是犯错！如果我下次又亏了，不知道我老婆又要说什么？”

“也许我要改变止损点？不，不能这么做——上次亏大了！但是有一次这么做……”

“为什么我刚刚止损，市场就回头了？这太难了！”

和相反的情景比较一下。

假如说你刚刚建仓，后面的一根K线振幅很大，对你不利。你没有恐慌，你是这么想的：

“市场快到我的止损点了。我对价格的波动感到不舒服，我无法忍受。”

在第一个情景中，也许交易者认为自己已经接受了这个结果，但实际上他在情绪上并没有接受这个结果。在第二个情景中，交易者在各个方面都接受了这个结果。

这个接受的思想不仅仅对亏损有用，对利润也是一样。当一个交易者完全“接受”了交易的结果，他就会明白单笔交易的利润并不等于以后就有无限的利润。

在本质上，接受意味着交易者意识到交易是建立在概率的基础上，每笔交易都是独特的。换句话说，过去不等于将来。

要想做到真正的接受，某些个人特点则显得很关键：

- 意识——有能力跳出自我。我们越有能力这么做，我们就能越轻松地做到接受。
- 诚实——看清现实的能力。
- 勇气——愿意承担意识和诚实带来的痛苦。
- 承诺——愿意想尽一切办法以实现目标。

用《厚黑学》的作者朱津宁（Chin-Ning Chu，author of *Thick Face*，*Black Heart*）的话来说：

> 即使大部分人认为他们正在努力实现成功，他们只是表达意向而已。他们根本不愿意从讨厌的工作中走出来并实事求是地去做点事。

只有拥有了这些特点，我们才能做到真正的接受。我们越是能做到接受，我们就越能体会到成就感。

作为交易者，要想实现最终的成功，我们要接受两个明显相反的信念：

- 市场是不确定的，是无法预测的；市场是相对确定的，是可以预测的。
- 解决这种明显冲突的信念的方法在于我们选择采用哪个时间周期。

著名的交易教练马克·道格拉斯把单笔交易看成是微观层次的东西。因为市场几乎可以为所欲为，所以说市场是不确定的。我们在执行交易计划的时候要保护好资金。换句话说，我们必须时刻准备好出场策略。

分析大量样本或分析很多笔交易就是宏观层次了，我们应该拥有第二个信念，相信市场是可以预测的。为了充分利用好市场的优势，我们的交易策略就要有优势，优势意味着市场是可以预测的，是确定的。

简而言之，我们要接受这点：我们在交易的时候就是在处理概率，不是在处理确定性。

我们不但要在心里接受这些信念，还要在情感层次上接受这些信念，我们必须这么做。

我作为交易教练，常常看到交易者在口头上说接受了概率的思想，但是在实战时，交易者又希望每笔交易都能赚钱，他们需要的是确定性。

为什么很多著名的咨询服务公司做广告说他们的胜率是90%？答案是，如果他们的广告不能吸引足够多的客户，他们的公司就会倒闭。

正如马克·道格拉斯所指出的，概率思维能够控制好自己的状态和信念。

- 因为我们知道我们长期下来会成功的，因为我们知道无论市场如何，我们都会保护自己的，所以我们要“相信自己”且“不担惊受怕”，这些状态能让我们做到聚精会神。
- 当我们遇到了不可避免的长期的资金曲线回撤时，如果我们能做到聚精会神、自信且不担惊受怕，这对我们是有帮助的。
- 因为我们知道，在微观层次，市场是随机的，所以我们能做到坦然面对市场。我们不会在欣喜若狂的时候去鲁莽交易的。每笔交易只是整体概率中的一笔交易而已。
- 市场信息没理由让我们喜怒哀乐，我们要从市场信息中找到机会。这并不是说交易就是单调乏味的，对于大部分交易者来说，交易必须是有趣的。然而，这种趣味性不是来自一笔又一笔的交易收益，而是来自我们持续一致地执行规则。

接受的主要敌人是恐惧。常见的恐惧包括害怕被抛弃，害怕失去了控制。

如果我们用心想想，我们就会发现，从小时候开始，我们就害怕被抛弃。

我们在小时候完全依靠父母。我们很快就意识到了，如果他们抛弃了我们，我们就无所依靠了。当我们成人后，大部分人还是不能面对这种恐惧。结果就是我们企图控制环境——控制周围的人、环境和事物。

这种倾向于控制环境的行为在生活的其他方面也许是合适的，也许是不合适的，但是如果应用到市场中，则比较糟糕。大部分人都是无法控制市场的，短期控制也不行。

马克·道格拉斯列出了四种常见的恐惧心理：

- 害怕亏损。
- 害怕犯错。
- 害怕错过。
- 害怕没有优势。

我在多年前就深入了解了恐惧心理的影响。当时，我是通过杰克森期货公司交易的。这家公司为我提供了一间交易室，我在那里认识了一个安静的小伙子，他每天在美国债券开盘后的几分钟内进来，收盘后就走了。考虑到当时是在澳大利亚，开盘时间是上午 12：30，收盘时间是早上 5：00，做到这点还真不容易。

有一天上午我看见他非常痛苦，我就主动和他搭话。他说他在很强的大牛市中做空了农产品。他眼眶都是红的，他看着远处说：

> 我不明白我为什么不早点止损，任何人都知道趋势很强——我为什么没止损？

从此以后，我再也没见到他了。

这就是恐惧心理的效果——恐惧心理让人失去了常识，恐惧心理让人没有远见，恐惧心理让人手足无措。

相反则是显得欣喜若狂，认为自己不会犯错。和恐惧心理一样，人太高兴了，最终也会导致交易失败。因为交易是概率游戏，我们有时候确实不会犯错，但是这样的时期总会过去的。交易者沉迷在欣喜之中，并没有意识到这点，最终会大亏。如果他运气好，也许不是很惨。

不但新手容易受恐惧和欣喜若狂心理的影响，最有经验的成功的交易者也有失足的时候。另外还有两个因素会影响我们的情绪：

- 我们的期望——我们没有正确地认识市场信息，我们反而充满了期望。这样期望会反过来影响我们的恐惧心理或欣喜若狂的心理。
- 我们的精神状态——我们在长大成人的过程中都经历了不同的精神状态——心理学家斯蒂芬·沃林斯基把这种精神状态叫做“催眠状态”。如此说来，很多时候我们并不是针对现在的市场信息做出了反应，而是根据过去的事件做出了反应。换句话说，我们并不是根据当前的信息在做交易。

要想做到接受，我们要管理自己的恐惧心理和欣喜若狂的心理。我们一起来看看我认为有用的其他工具。

对我来说，决策工具能让我们学会策略，一开始是意识到自己的恐惧心理和欣喜若狂的心理，然后是管理自己的恐惧心理和欣喜若狂的心理。这意味着一开始要接受小的痛苦，然后慢慢地适应这种情感。

当我最初交易成功时，我把自律作为我的主要武器。但是当我在 1991 年组建基金时，我发现这个武器不够用了。乔治 · 利亚诺思博士则帮助我管理自己的情绪，不是消除情绪。乔治认为对我而言，最好的方法就是一步一步地取得进步。先学会管理小的恐惧心理，然后慢慢地学会管理交易中的恐惧心理和欣喜若狂的心理。

我从斯蒂芬 · 沃林斯基和 C. 安德列亚斯的作品中形成了自己的方法。斯蒂芬 · 沃林斯基的作品有《混沌之道》（*Tao of Chaos*）和《荆棘》（*Bramble*），C. 安德列亚斯的作品有《核心转变》（*Core Transformation*）。

雷氏情绪控制过程

这个控制过程的目的就是让我们和自己的情感交朋友并爱上我们的情感。我遇到的大部分交易者总是拒绝和压抑自己的痛苦心理。因为人性就喜欢远离痛苦，所以这是可以理解的。我感到奇怪的是，这些交易者不知道充分享受自己的乐趣。因为他们要控制自己的快乐情感，他们害怕亏损，结果他们忽视了快乐的情感。

正如我所说的，我觉得这很奇怪。后来我明白了，因为他们没有完全体会过他们的情绪，所以他们才这么做的。我的控制过程就是让你最终感受到自己的情感，步骤很简单：

- 首先让你自己全面地体会痛苦或欢乐，到了某个时刻，这些情绪就会消失。
- 给你的情绪赋予位置和形状。你在哪里感到痛苦？是胃痛吗，是喉咙痛？它是什么形状？一只紧握的拳头，一条蟒蛇？记住这些位置和形状。
- 问自己一些问题，看看自己的潜意识是如何回答的。这么做的目的是让你的意识和潜意识保持一致。如果你长期忽略你的情绪，那么这需要一段时间才能实现。

设计这些问题的目的是看清你的潜意识。我们想知道到底是什么事件导致了你的感受。有些问题只是假设性的。

首先，我们的精神是由不同的部分组成的。我们为了追求积极的结果，才会产生我们的行为——无论我们的行为是否合适，这个道理是对的。通过了解每个部分的目的，我们可以和这些部分谈判，用更积极的部分来替代它们，以产生更合适的行为。

第二，在谈判之前，我们首先要在潜意识里面存入信用，存入的货币就是我们的情感。如果我们长年忽略我们的情绪，我们就不能指望我们的潜意识立即相信我们，所以这个过程是需要时间的。我每周会安排两次，每次 20 分钟的“安静时间”。如此一来，当我们有需求时，我们就能存入友好的信用。

下面的内容引用自我的日记。我的日记是手写的，因为我不但喜欢做记录，还很享受写作的过程。

下面的日记是我如实逐字抄过来的，日记是 1996 年 9 月 19 日写的。

我要讲一下当时的背景，我在 1996 年的交易并不理想。在头三个月内，我的资金曲线回撤了 23%。到了 9 月，稍微有所改善，资金曲线的回撤降到了 8%。这 9 个月根本没赚钱！我从 9 月 11 日开始就在观察英镑对德国马克这个货币对，我认为这个品种要强烈上涨。我感觉我很快就可以建仓了，但是当时我很害怕，我就准备先坐下来用心思考一下。

1996 年 9 月 19 日的日记

我坐下来等了 15 分钟，我的心在怦怦跳——我迫使自己心静下来。

15 分钟后：我很害怕，这种恐惧感就像一块石头塞在胃里，又像一条蟒蛇缠住了我的心和喉咙。

意识：嗨！感觉如何？

潜意识：很害怕！我想躲起来。我为什么又想交易了？我知道我可以交易——为什么我总是要证明这点？这不公平——为什么不找个工作呢，这样就不必交易了？

意识：我听见你在说：因为你必须交易，所以你非常害怕，是不是？

潜意识：没错，是的。

意识：如果这笔交易并非是非做不可的，你就不会感到害怕了吧？

潜意识：是的！不！不，我会错过这笔交易的。对我来说，这笔交易很重要。

意识：在什么情况下，你才会感到安全？

潜意识：我希望有人能帮助我——我不希望有恐惧感。

意识：在什么情况下，你会有安全感？

潜意识：我想确定这笔交易不会亏损。我不能接受超过2%的亏损。

意识：你希望保证这笔交易能赚钱？

潜意识：（笑）我很傻，是不是？

意识：你感觉自己很傻吗？

潜意识：是，是有点傻——保证能赚钱？（又笑了）。但是我确实希望这笔交易是安全的。

意识：在什么情况下你才会感到安全？

潜意识：虽然现在市场离止损点还很远，但是现在就下止损单比较好。你愿意这么做吗？我不知道我是否能处理好“想象中的止损单”。

意识：我肯定会下止损单的。

我要说明几点。

- 请注意，意识只提问。有时候它会做简短的总结，总体上它负责听。
- 意识首先问潜意识的感觉如何，然后再问原因。
- 所提的问题不问“为什么”，而是问“什么”。
- 当潜意识确认了在什么情况下感到安全时，这个过程就停止了。
- 结果是讨论下止损单。毫无疑问，如果我忽略了自己的恐惧心理，我就会害了自己。

- 这样的过程，我经常做，如此一来意识在潜意识那里“存入了很多信用”。否则，我怀疑这个过程需要更长的时间。
- 一旦你把这个过程内化了，你就会终生享用。
- 当时我的日记是手写的。现在我使用 Camtasia 软件做交易记录并写日记。

其他有用的工具包括：身心语言程序学技术、呼吸和姿势。身心语言程序学有助于处理、理解和走出痛苦，这是一个中期的技术。学习在紧张的时候如何呼吸、站立和坐着则是有效的短期工具。

要想成功，交易者必须知道自己的方向、必须把赢家心态内化、必须拥有概率思维。这种思维的一部分叫做接受交易的结果。这意味着管理好恐惧心理和欣喜若狂的心理。要想做到这点，我们要全身心地接受，在微观层次相信市场是不确定的，是无法预测的，在宏观层次则认为市场是相对确定的，可以预测的。

在下一章，我将说明如何把这些因素综合起来，这样才能利用好低风险的高利润机会。

第 7 章　巴罗斯波动

概要

我认为本章是本书中最有趣的内容。我已经讲解了基本内容：我们已经学会了确认特定时间周期内的趋势和趋势的变化，我们也了解了一些次要的工具。

以下过程提炼自沉浸理论。如果你努力应用这个过程，你就会学得很快。

为了本例解说方便，我们假设交易者的时间周期是 18 天。这个方法包括：

- 按顺序回答问题；
- 记下答案；
- 每周每月回顾你的决策，确保你学到的方法成为你的第二天性。

从第一个高级别的时间周期开始，在本例中是 12 个月的波动，你要问的第一个问题是：

- 线方向如何？
- 12 个月的支撑区和阻力区在哪里？
- 线方向会持续下去，还是会改变？

然后转到第二个低级别的时间周期，在本例中是 13 周波动，问题是：

- 趋势的方向如何？
- 线方向如何？请注意，线方向和趋势方向是不同的。线方向仅仅是当前趋势的波动方向。
- 趋势和（或）线方向会持续下去，还是会改变？
- 13 周的支撑区和阻力区在哪里？

严格地说，下一个时间周期是 18 天；我们要么顺着趋势交易，要么交易改变中的趋势。当 18 天线或趋势接近 12 个月和 13 周的支撑区或阻力区时，我们想知道它会尊重这些区域，还是会继续沿着自己的线方向走。

大多数情况下，18 天线的改变预示着 5 天趋势的改变。故，我们要检查 5 天的波动，看看它是如何应对高级别时间周期内的支撑区或阻力区的。

对于 5 天线趋势，可以这么问：

- 趋势会改变吗？
- 和之前的推动浪相比，趋势会持续，还是会改变？

当我们研究了12个月、13周和5天的趋势后，我们就要创造一个背景以用来分析18天。

- 18天当前的趋势方向如何？
- 这个趋势是刚形成，还是快结束了？在这个阶段，我们把突破点当作参考点以回答这个问题。如果市场信号显示趋势会改变，同时伴有全点计数和线变计数，那么这个趋势刚刚形成。
- 趋势会持续下去，还是会改变？
- 18天的动量表明趋势会持续，还是会改变？
- 趋势有可能会改变吗，有迹象吗？
- 如果当前的线和18天趋势相反，就问2到5号问题和以下问题：
- 18天的支撑区和阻力区在哪里？
- 3天对它们是如何反应的？我们在寻找5天推动浪即将结束的线索（18天的修正浪和5天的推动浪是一样的）。
- 3天的动量能否表明5天线方向会持续下去或改变？
- 成交量和振幅都很大吗？（“很大”指第三个标准偏差。这表明趋势即将改变，趋势模式即将改变）

当我们收集了这些信息之后，我们先总结一下，然后制订一个行动计划。这个计划要能描述价格波动并告诉我们回顾是必要的。

让我们来看一个实时的例子。从道琼斯工业平均指数开始讲。

分析案例 1

12 个月时间周期

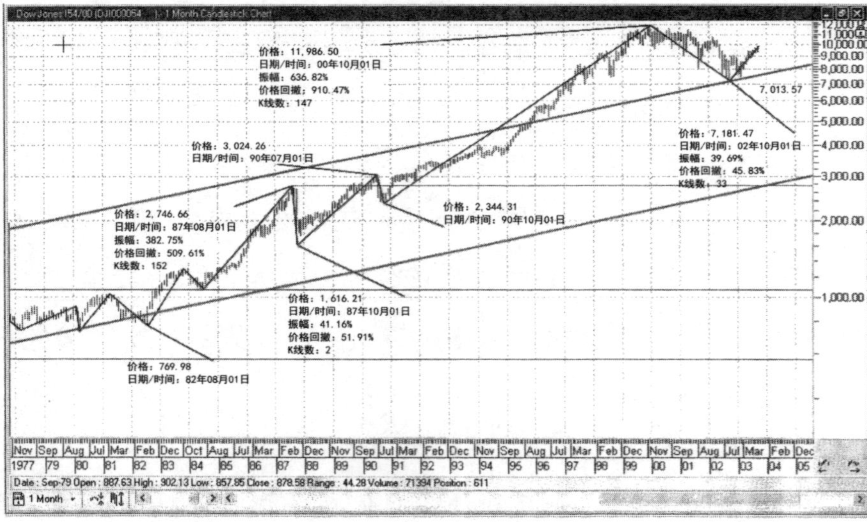

来源：市场分析者公司授权

图 7. 1　道琼斯工业平均指数月线图

线方向如何?

线方向是向上的，就像趋势一样，1982 年就开始了。自从上涨趋势开始后，市场还没有向下突破过 12 个月的波动最低价。最近一次波动的最低价是在 1990 年 10 月。

12 个月的支撑区和阻力区在哪里

支撑区在波动的最低价，这个价格是 7181。要想确认阻力区，我们就要深入挖掘，做一个预测。

12 个月的线方向可能会持续下去，还是会改变

从 1990 年 10 月 1 日开始，12 个月就是上涨趋势。考虑到推动浪的上涨百分比和所花费的时间，这个上涨趋势在第三个标准偏差之中。我希望当市场进入横盘振荡后，7181 是一个最低价——也就是说，我希望市场再次测试这个点。但是市场首先要碰到主要卖盘区域 11908，然后才会回到 7181。如果这是一个修正浪，我们可以期待市场从最高价 11908 至少回撤 78.6%，并回到 7181——如果是回撤 78.6%的话，应该回撤到 10896。

图 7.2 显示了振荡区间的最大范围和 78.6%的回撤价格水平，还显示了市场进入振荡区间的最小回撤。

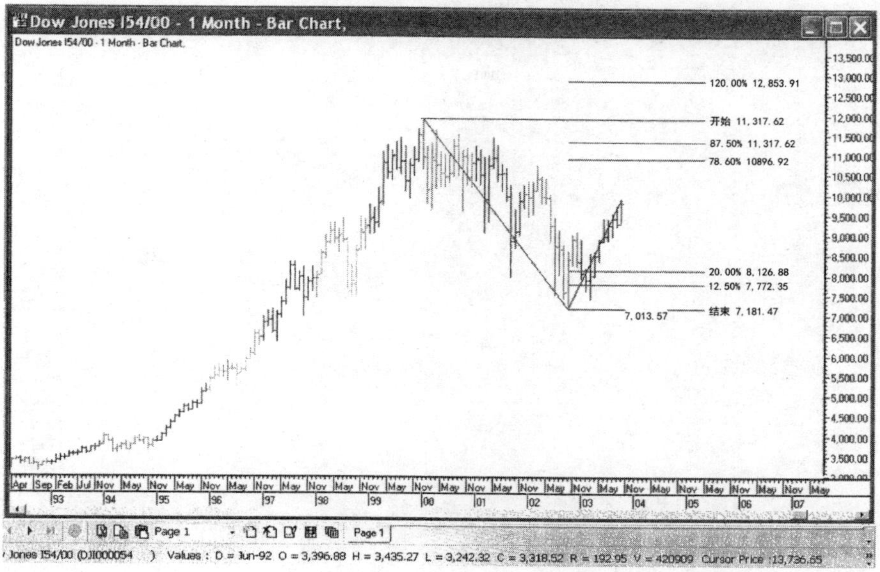

来源：市场分析者公司授权

图 7.2　道琼斯工业平均指数月线图

13 周时间周期

13 周的趋势方向如何

因为 12 个月的线方向是向上的，我们可以期待 13 周在上涨趋势中——确实如此。

但是 13 周的趋势信息不止这些。

图 7.3 是道琼斯工业平均指数的 13 周图。从 11908 到 7181 的波动是下跌趋势。因为 12 个月的线方向转而向下了，所以是下跌趋势。请注意，在 13 周图上我们看不到全点计数，只有在 X、A、B 和 C 点，我们才会看到最低价越来越低，最高价越来越低。这种明显的下跌趋势表明在 12 个月中很可能要形成横盘振荡的市场。

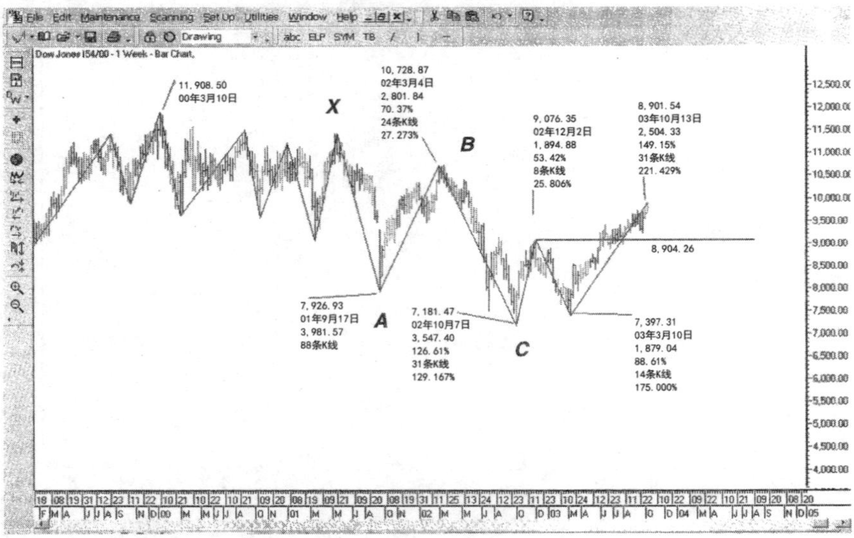

来源：市场分析者公司授权

图 7.3　道琼斯工业平均指数月线图

假如说在 2002 年 10 月 7 日之前是下跌趋势，图 7.3 显示了趋势的正常改变，从下跌变成了上涨：有七条 K 线，它们的最低价在 9076 这个突破点，或在这个点之上——也就是说，在 13 周有一个全点计数。

图 7.4 是一张放大的图。图中不但有全点计数，还有一个评分为+3 的线变计数。这表明道琼斯工业平均指数很有可能从下跌变成上涨，这样一来，最高价越来越高，最低价越来越高。

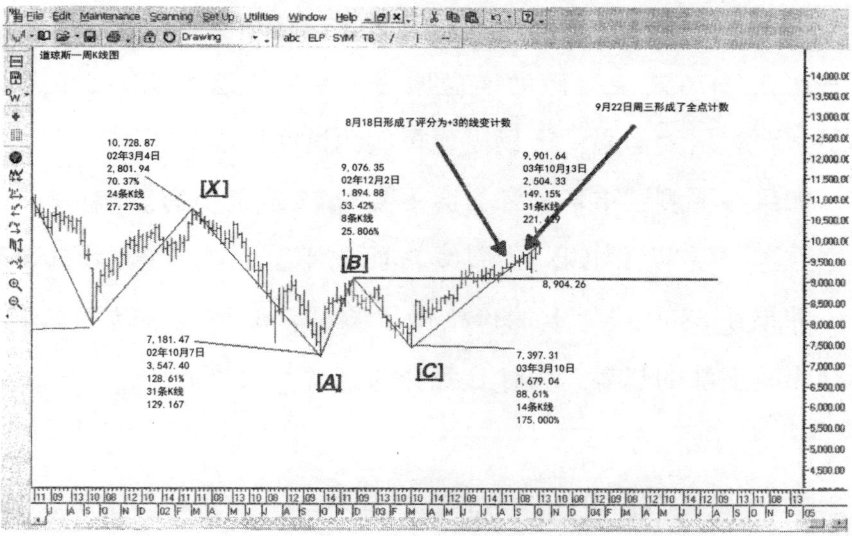

来源：市场分析者公司授权

图 7.4　道琼斯工业平均指数周线图

故，13 周的上涨趋势刚开始：线变计数的信号是八周前出现的，而全点计数在四周前才出现。图 7.4 表明全点计数发生在 2003 年 9 月 22 日，线变计数出现在 2003 年 8 月 18 日。

13 周线方向如何

向上的。

13 周的上涨趋势可能会持续下去，还是会改变

考虑到突破刚发生，说 13 周趋势是上涨的为时尚早。可以这么说，如果按照 12 个月的 78.6%的标准分析，最小目标是 10896。相应地，我们可以期待 13 周上涨趋势会持续下去。

13 周线可能的方向是向上，还是向下

目前，13 周线有可能转而向下。

市场在横盘振荡了 6 个月后突破了，这个突破并不强。市场第一次在 9076 之上突破后横盘振荡了 9 周。这表明突破的信心不足，要想增大信心，市场需要再次测试突破点。

如果线要测试市场，那么会不会对 13 周趋势有影响

在这个季节，如果 13 周线转而向下，它会在 8904 转而向下。如果在 8839 或之上的价格做了测试，那么线在转而向下时不会影响上涨的趋势。为什么我会这么说?

- 市场出现了全点计数和线变计数。
- 市场接受了最大范围之上的价格。
- 13 周线会在 8904 转向。除非市场接受了 8839 这个主要卖盘区域的下边界的价格（请看图 7.5），否则就会影响 13 周的上涨趋势。

因此，我认为 13 周线也许会转而向下，我们仍然可以确认趋势还是上涨的。13 周线也许会转而向下并重新测试突破点，目

前 18 天和 5 天趋势的动量和状态既支持这个观点，也反对这个观点，没有定论。

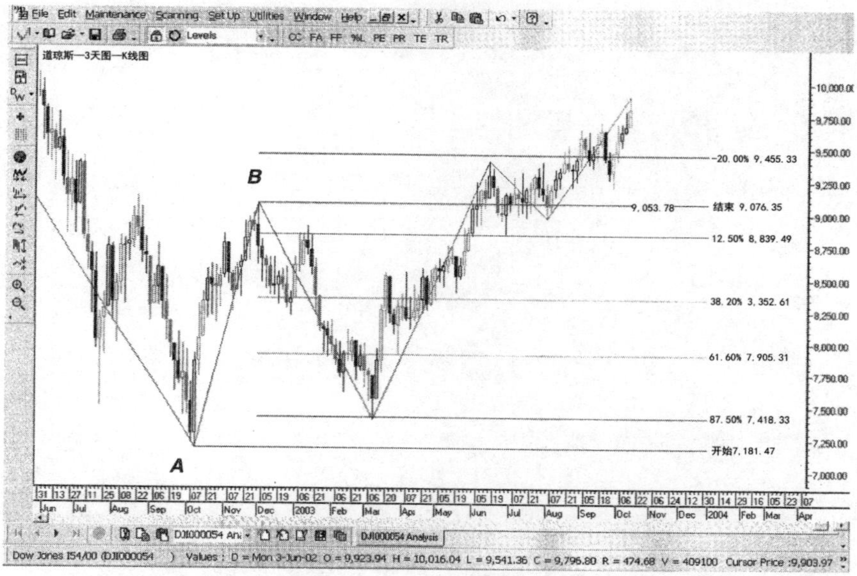

来源：市场分析者公司授权

图 7.5　9076 到 8839 之间的主要买盘区域

然后，我们按照列表提问，以了解 13 周的趋势。

13 周的支撑区和阻力区在哪里

图 7.6 显示了两个阻力区。第一个是［X］—［A］区间的 78.6%的价格水平；第二个是锚定移动平均线。请注意，市场每次反弹都没有涨到锚定移动平均线之上。当然了，我们期望市场最终会涨到锚定移动平均线之上，如果我们在 12 个月这个级别中看到了 78.6%的回撤，那么市场就会涨到锚定移动平均线之上。无论如何，现在市场没有涨到它的上面，我们要尊重这点。

如果 13 周转而向下，这是一个很好的区域。

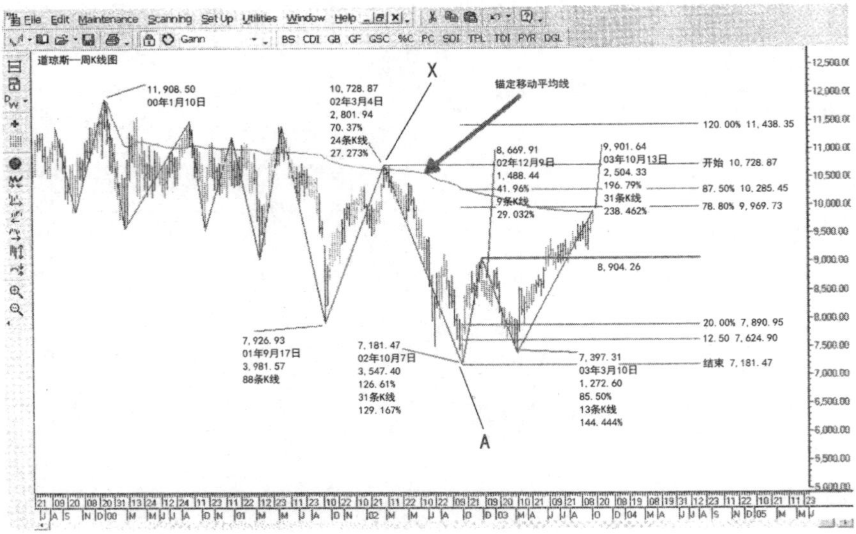

来源：市场分析者公司授权

图 7.6　道琼斯工业平均指数周线图

我们可以说 9901 到 9969 就是阻力区，另外一个阻力区是 10285 到 11438 之间的主要卖盘区域。

5 天时间周期

趋势在改变吗

让我们再来看看 5 天这个级别，看看是否有关于 13 周线转向的小线索。图 7.7 表明突破时的价格波动组成了 5 天内的振荡区间，也就是 A—i 和 C—F。也许 F 点是推动浪的起点。

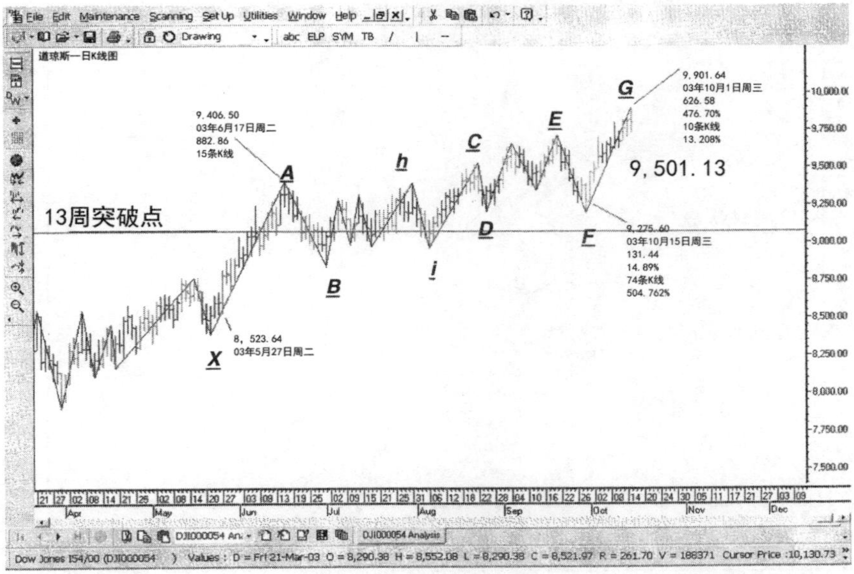

来源：市场分析者公司授权

图 7. 7　道琼斯工业平均指数日线图

和之前的推动浪相比，是否表明趋势会持续下去或改变

市场横盘振荡 6 个月后，市场在突破后形成了两个横盘振荡，这表明市场很犹豫：新的上涨趋势真的开始了吗？要想确认这点，交易者和投资者需要看到从 F 点开始的很强的推动浪。

从 2003 年 10 月 7 日到 2003 年 10 月 15 日的推动浪（F—G）和之前的推动浪（X—A）相比，有什么不同？（我认为 X—A 是 F—G 之前的第一波推动浪）

图 7. 8 给出了答案：图中“看不见”K 线，你可以看统计数字。

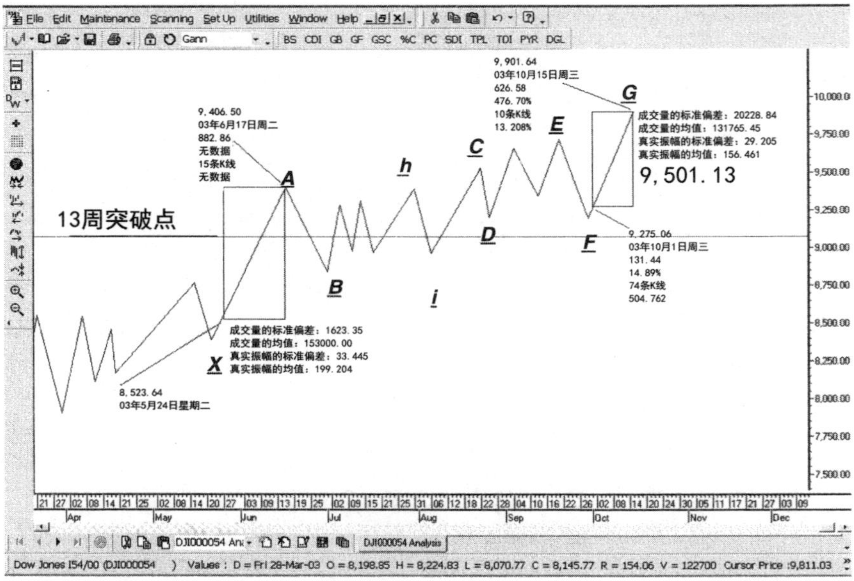

来源：市场分析者公司授权

图 7.8　道琼斯工业平均指数周线图

目前的上涨波动缩量了，振幅也减小了。换句话说，这次上涨波动的动量没有之前的波动的动量大，这表明市场“累了”。

分析了 12 个月、13 周和 5 天这些级别的波动后，我们暂时可以得到以下结论：

新的 13 周上涨趋势会继续上涨，直到市场到达 12 个月的阻力区 12854 到 10896 为止。

13 周线有可能要转而向下并测试 13 周通道：从 9076 的突破点到 10285 的主要卖盘区域。

18 天时间周期

我们现在回到 18 天，看看哪些信息支持或反对前面暂时的结论。

当前18天的趋势方向如何

目前的趋势偏向于的是上涨趋势。

- 图7.9表明先出现的反弹预示着最低价在E点。
- 市场中出现了全点计数和线变计数，但是……
- ……市场需要定义越来越高的最高价和越来越高的最低价。

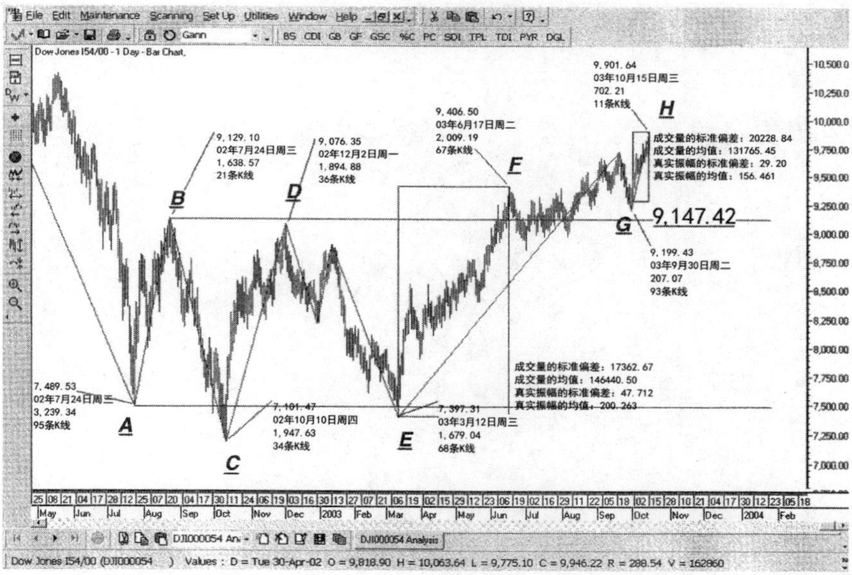

来源：市场分析者公司授权

图7.9　道琼斯工业平均指数日线图

趋势是刚形成，还是早就形成了

趋势刚形成：全点计数和线变计数都是刚形成的。

趋势有可能会持续下去，还是会改变

考虑到18天趋势刚开始，我们通常会期待趋势会持续下去，尤其是13个月的线，12个月的趋势，13周的趋势和13周的线都是向上的。然而，如果13周线转而向下，那么18天趋势至少会企图改变趋势。如此一来，在13周上涨趋势再次上涨，并让18天趋势和线向上之前，我们可以期待市场会向下突破9199这个最低价。

18天的动量表明趋势会持续，还是会改变

目前这个问题和趋势无关。

有迹象表明趋势可能要改变吗

没有。

因为目前的18天线方向和趋势方向一致，7到10号问题没用。

小结

- 市场应该会转而向下并向下突破18天的支撑区9199。
- 市场可能会守住13周的支撑区8839。
- 因此，我们可以在9199到8839之下找到低风险的进场点。

分析案例2

我在本章开头说过，本章是本书中最有趣的内容。学会基础知识是需要付出努力的。当我刚开始学空手道的时候，我学的是刚柔流派，我迫不及待地要上场对战一场。我的教练叫梅里·奥克利，他阻止了我的行为，他说我必须在散打方面得到了最低级的绿带才能上场。后来，我非常感激他定的这个原则。如果没有学到基本的知识，散打会让人养成很多坏习惯。

交易也是如此。先要学会正确的基础知识，然后利润就来了（只是有时候利润来的没那么快，会姗姗来迟。如果你像我一样，进步比较慢，那么利润来得更迟）。其中一个“基础知识”就是正确地判断趋势。只要你能正确地判断趋势，概率就会对你有利。

正确地判断趋势也意味着正确地找到修正浪即将结束的时刻。一个时间周期内的趋势仅仅是第一个高级别时间周期内的修正浪。对于响应式交易者（在强势时卖出，在弱势时买入的交易者）来说，正确地找到修正浪结束的时刻和正确地确认趋势一样重要。

“基础知识”还包括知道最好的交易是什么样子。商业界有一个著名的 80/20 规则，指 80% 的利润来自 20% 销售。交易者，尤其是主观交易者，要知道 20% 是什么意思。我最赚钱的交易要么是在趋势改变时顺势而为的交易，要么是在趋势刚开始改变的时候建仓的交易——在市场出现全点计数之后不久进场，等等。我最亏钱的交易则是在趋势结束的时候建仓的交易。我一般回避使用杠杆做交易。但是有时候，我确信这次有把握，市场的波动比统计结果要大，我就使用杠杆做交易。

有时候市场的波动比较大，我不是在趋势结束前进场的，我是在比较早的时候进场的（当然了，波动行情走完之后我才知道的）。但是在大部分情况下，市场的波浪大小和统计数字差不多。市场会证明我在一厢情愿。偶尔赚钱了，不能说明就应该冲动行事，我愿意耐心等待 20% 的机会。

嗯，希望总是有的。每年我的“愚蠢”交易都在减少，如果减少的速率不变，明年将会是“美好的一年”，我们拭目以待。

我想说的要点是，如果我没有使用本书中的工具，我就不知道赚钱的20%的交易在哪里。正如彼得·史泰米亚说的：“知道方向如何，知道方向会持续下去，或会改变，你就能在这个游戏中取胜。”

再看看另外一个例子：我在2003年6月交易的30年期债券。在这笔交易中，我错过了上涨波动，只好耐心等待卖出的机会。2003年6月17日我在119 14/32（译者注：14/32是分数）的价格做空了这个品种。我会解释原因的。在回顾这笔交易之前，请注意，我使用的是CSI公司的合约连续图做分析，我发现分析这种图表比分析近期月份合约的效果要好。

12个月时间周期

关于12个月的线方向，我的问题是：

- 方向如何？
- 支撑区和阻力区在哪里？
- 趋势可能会持续下去，还是会改变？

为了确定12个月的线方向，我们还要考虑另外两个问题。

当时，美国债券12个月这个级别时间周期内“没有头绪”。图7.10显示了在2003年6月份12个月这个时间周期的线方向，还有阻力区和支撑区。

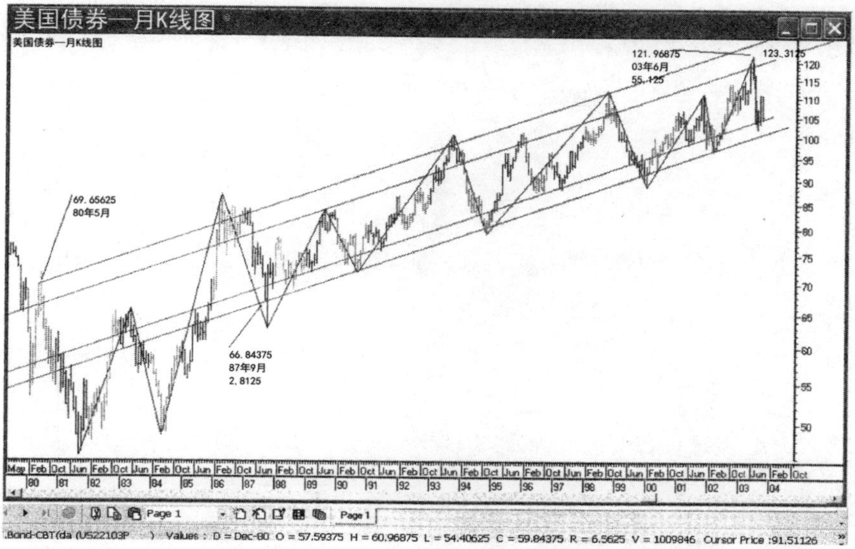

来源：市场分析者公司授权

图 7. 10　美国 30 年期债券，CSI 的连续图，月线图

图 7. 10 显示了美国债券 12 个月的波动。外围的趋势线代表了上阻力和下支撑的边界。内部的趋势线代表了下阻力和上支撑的边界。

图 7. 10 显示了在 6 月份 12 个月趋势线方向是向上的，市场在阻力区。剩下来的问题是问 12 月的线方向是持续下去，还是会改变。为此我们要转到 13 周和 18 天，看看它们对 12 个月的阻力区的反应如何。

另外，如果你想知道等差坐标图是什么样子，请看图 7. 11。

我将从 2002 年 3 月 11 日 12 个月波动的最低价开始分析 13 周的趋势（请看图 7. 12）。

来源：市场分析者公司授权

图 7.11 美国 30 年期债券，CSI 连续图，月线图（等差坐标）

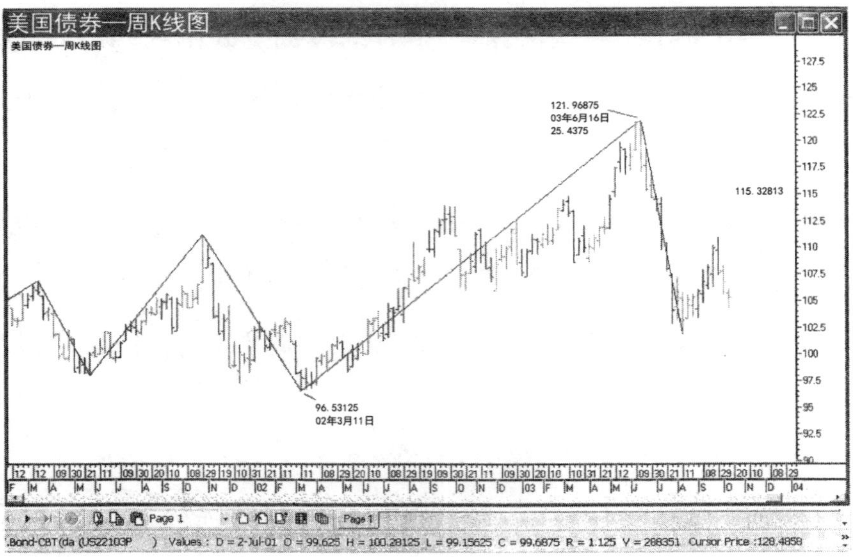

来源：市场分析者公司授权

图 7.12 美国 30 年期债券，CSI 连续图，周线图

13 周时间周期

要问的问题是：

问：13 周的趋势如何？13 周的线方向如何？

答：都是向下的。

问：市场到了 13 周的支撑区吗？

答：没看到。

问：趋势或线方向会持续下去，还是会改变？

答：这两个波动的动量很模糊。对于后者，振幅从 2.3 到 2.6，成交量却从 470051 下降到了 393960。这是比较偏空的走势（振幅放大了，成交量收缩），但是这种变化太小了，不足以下结论。

在 13 周分析快结束的时候，我并没有得到更多的有价值的信息。问题没变，是否低级别时间周期能提供一定的线索，以说明市场如何面对 12 个月的区域。也许，在比较最后两个推动浪后，我们会发现点什么。

图 7.13 显示了对最后两个推动浪的统计数字。很不幸，比较的结果并没有提供任何线索。

18 天时间周期

18 天（没图）也没有提供任何线索。很明显，趋势是上涨的，线方向也是向上的。我们在分析 13 周时考虑了动量。

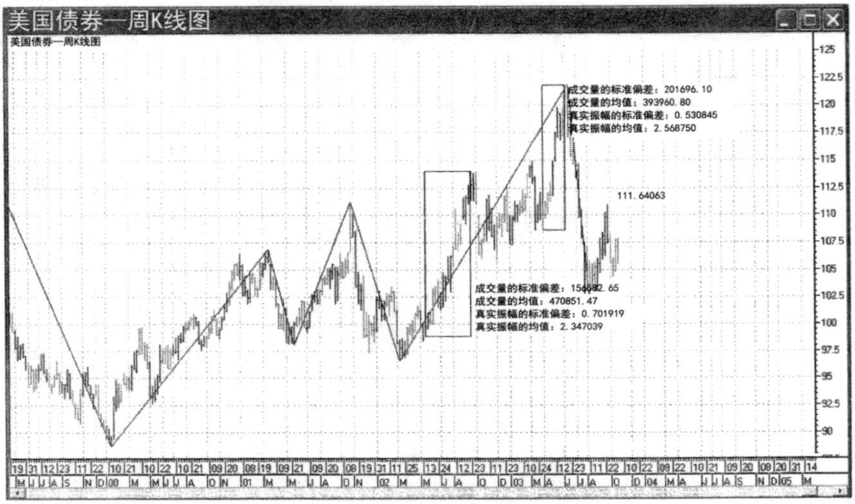

来源：市场分析者公司授权

图 7.13　美国 30 年期债券，CSI 连续图，周线图

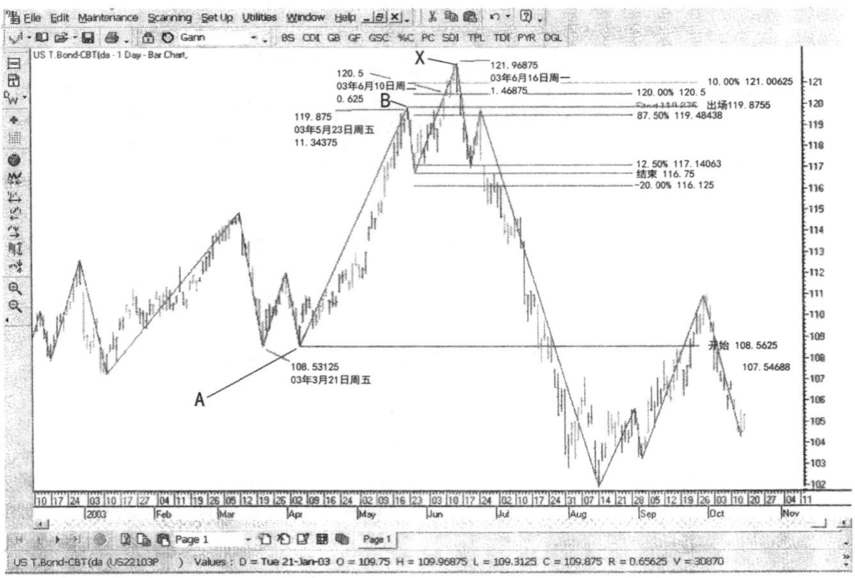

来源：市场分析者公司授权

图 7.14　美国 30 年期债券，2003 年 9 月，日线图

5天时间周期

图7.14显示了6月16日和17日的5天价格波动。我已经画出了A—B的20%和X—A的10%。

趋势改变了吗

5天包含了很多宝贵的信息。市场在6月10日突破了曲折的修正浪。突破时的动量很大，成交量放大了，振幅也大了。我们看到了评分为+3的线变计数和3天的全点计数（5天波动的50%）。每个方面看起来都很强，但是……

……我对12个月的阻力区表示担心。从1984年7月开始，这个市场一直在通道区域内波动。我决定了，如果看到了连续两天强烈的下跌，我就卖出。这个方法和别人使用的方法是相反的。对于看多的技术派交易者来说，连续两天猛烈下跌表明市场也许又会尊重趋势通道。另外，每次当市场到了通道顶部时，就会有很强的卖盘抛出——对于18天趋势来说，第二次到达顶部后一般都是一路下跌的。

在图7.15中，我放大了从6月16日开始的价格波动。本图中的合约是2003年9月份合约，是当时最活跃的合约。在6月16日之前，市场的平均振幅是31个基点。在6月16日和17日，振幅分别是50个基点和43个基点。考虑到：

- 市场在12个月区域内。
- 6月10日这天是突破的，这天和以后的所有迹象都是看涨的。

6月16日和17日的价格波动本不应该如此的，既然如此，表明顶部到了。

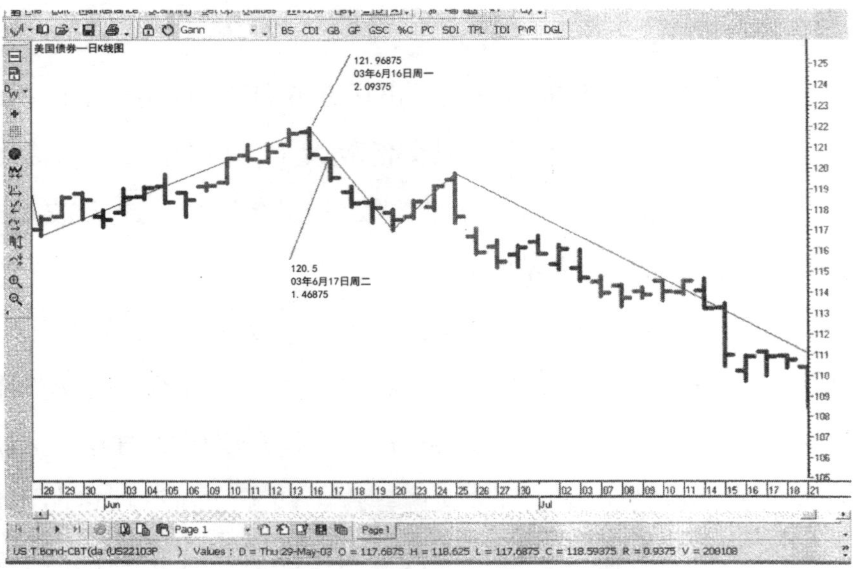

来源：市场分析者公司授权

图 7.15　6月16日和17日详细的5天波浪K线

分析案例 3

在最后一个例子中，我们将采用次要工具。我准备分析黄金，你觉得如何？我将使用 CSI 的 12 个长期（译者注：指参数为 12 的时间周期）和 13 周长期连续图表。对于 18 天和 5 天，我将使用最活跃的月份的图表。图 7.16 显示了 12 个月时间周期的趋势。

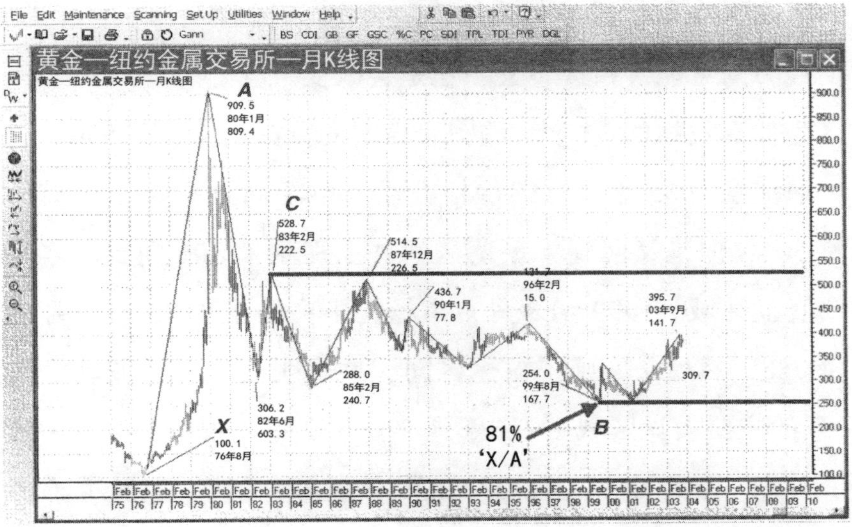

来源：市场分析者公司授权

图 7.16　黄金，CSI 连续图，月线图

12 个月的时间周期

线方向如何

线方向是向上的，但是 12 个月提供了更多的信息。

图 7.16 表明黄金在 X 和 A 之间可能要形成横盘振荡的市场。因为 B 下跌到了 X/A 的 78.6%之下了，所以我认为横盘振荡的概率很大。

另外，还请注意，自从 1983 年 2 月市场到达顶部 C 点之后，市场还没有超过这个点，B 点越来越低。对于 12 个月这个时间周期来说，价格的波动表明市场会从 495 涨到 530，原因迟点再说。

阻力区在哪里

阻力区在 430 到 437。

线方向可能会持续下去，还是会改变

为什么我相信 12 个月的图表表明的目标是 495 到 530？

请注意 1985 年 2 月的价格波动。市场向下突破了之前的最低价 306，但是又回到了振荡区间并上涨到了 306 到 529 之间的主要卖盘区域。1999 年 8 月，市场向下突破了 1985 年 2 月的最低价 288，然后又回到了振荡区间，这表明会有一波波动上涨到 C—B 的主要卖盘区域——495 到 530［529-（529-254）/8］。

对 C—B 之间的波动统计也很有意思。图 7.17 显示了相关数字。

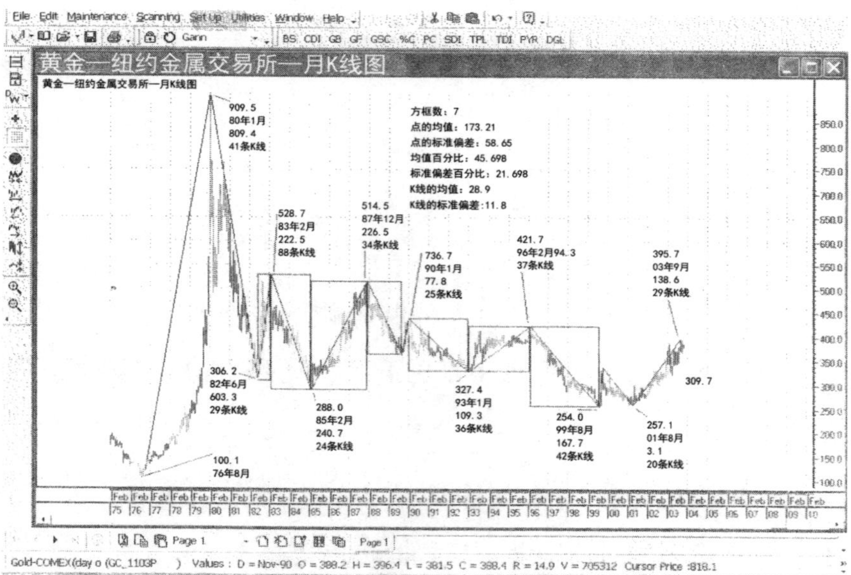

来源：市场分析者公司授权

图 7.17　黄金 CSI，连续图，月线图

如果我们忽略 8 个月的特殊波动，那么一个波动行情平均会持续 29 个月，第一个标准偏差是±12。换句话说，一个波动行情的平均时间是 17 到 41 个月。当前的波动行情持续了 29 个月。

再次说明，如果我们不考虑 603 点的特大波动，平均波动是 173 美元，标准偏差是 59。这意味着平均波动在 114 到 232 之间，当前的波动是 139 美元。

时间和价格都是平均值，所以我们可以根据 12 个月的波动来判断趋势会持续下去，还是会改变。

请注意：虽然这个样本非常小，因为在振荡区间价格和时间都是很可靠的，所以样本小没关系。根据我的经验，我们在这种情况下能得到可靠的结论。

13 周时间周期

13 周的趋势方向如何

图 7. 18 是 13 周的图表，我们看看它提供了什么信息。考虑到 12 个月的线是向上的，我们可以期待 13 周趋势也是向上的。我们从 12 个月的 2001 年 4 月的最低价开始分析 13 周的波动。

在 13 周图中，在顶部显示了复杂的三浪结构。这要么是上冲，要么是失败的上冲。当市场接受了最大范围之上的价格时，就会发生失败的上冲，导致上涨趋势持续下去。当市场接受了主要卖盘区域以下的价格时，上冲信号就完成了，导致市场至少波动到 0/A 的主要买盘区域。因为这些价格水平都很重要，我们需要观察 2003 年 12 月份的合约（请看图 7. 19）。

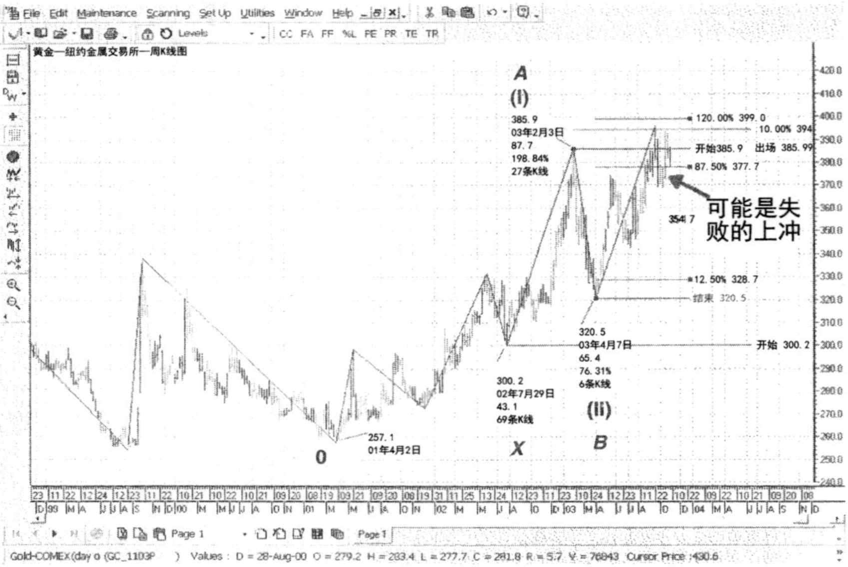

来源：市场分析者公司授权

图 7.18　CSI 连续图，周线图

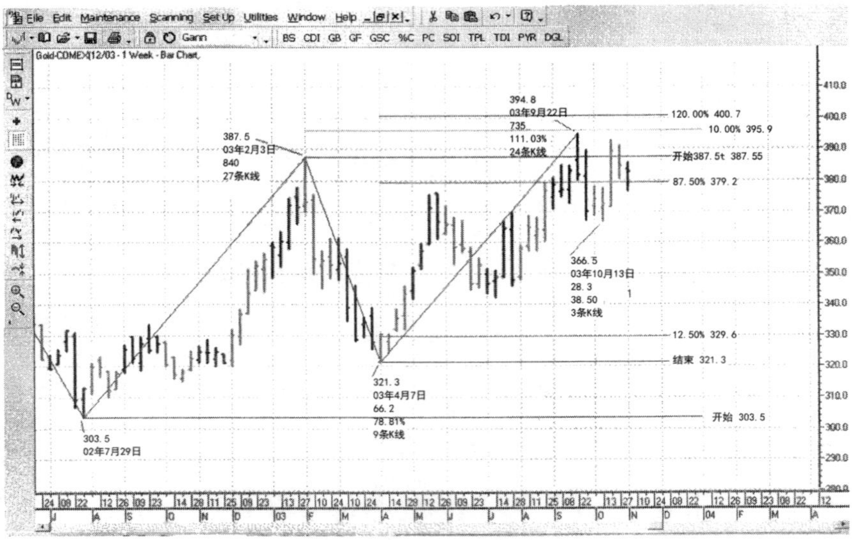

来源：市场分析者公司授权

图 7.19　黄金 2003 年 12 月份，周线图

对于 12 月份合约，如果市场接受了 401 以上的价格时，那么上冲就是失败的；如果市场接受了 379 之下的价格，那么就确认了是上冲。因此，我们从 13 周能得到以下信息：

- 13 周趋势是上涨的
- 趋势是否会持续下去，存疑。也许低级别的时间周期能帮忙确认趋势是否会持续下去。
- 关键的价格水平是 401 到 395 的最大范围（根据 2003 年 12 月份合约）和 379 所在的主要卖盘区域的下边界（根据 2003 年 12 月份合约）。

13 周线方向如何

方向是向上的，但是在本例中，趋势的方向更重要。

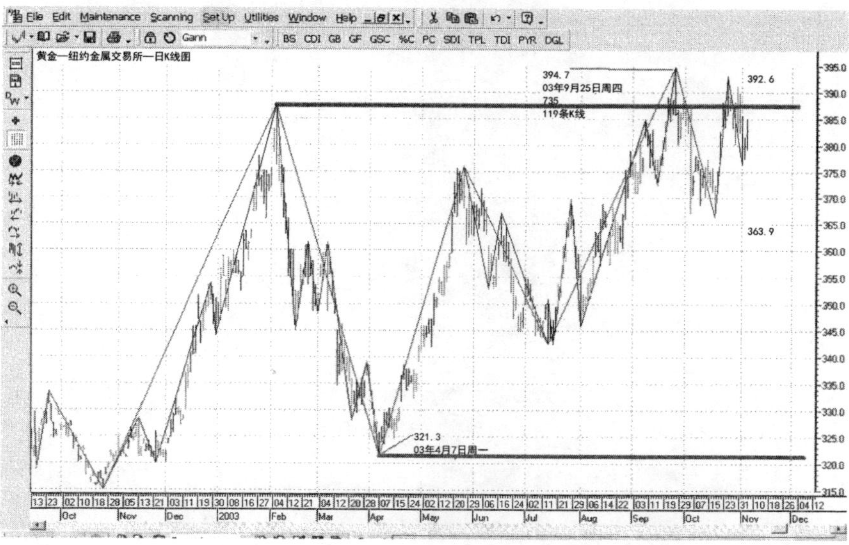

来源：市场分析者公司授权

图 7.20　黄金 2003 年 12 月份，18 天/5 天

图 7.20 显示了 18 天和 5 天的结构，它们能给我们带来一些信息。

对于 18 天，市场突破了振荡区间，但是还不能确认市场是否会接受更高的价格水平。

次要工具如何

- 交易者维克托趋势线：能看出向上的动量没有改变。图 7.21 显示了市场到了最高价开始回撤，但趋势线仍然没受到影响。我在趋势线的最低价标记了时间价格。

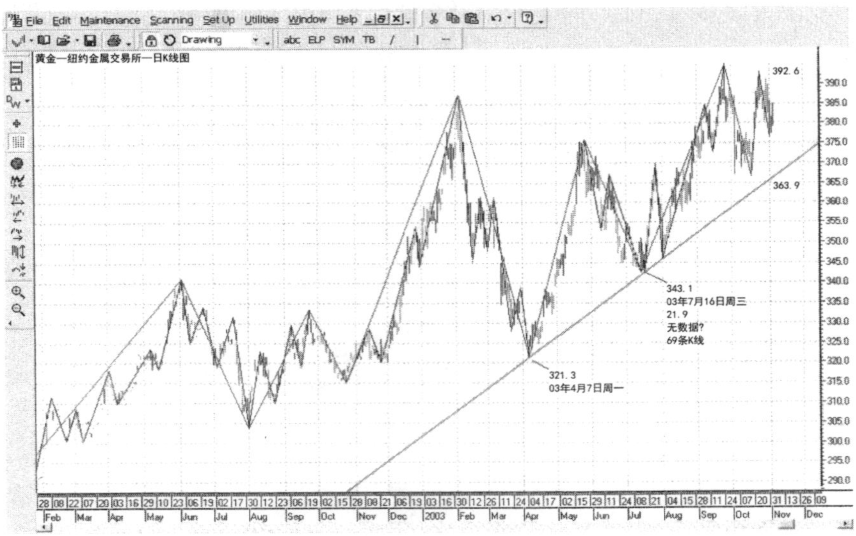

来源：市场分析者公司授权

图 7.21　黄金 2003 年 12 月份，18 天

- 比较成交量：因为5天波动并不同步，我们看不出来。图7.22中的方框就是5天波动。最后一个方框中的5天波动很明显不是推动浪均值。倒数第二个波动是推动浪均值，但是之前的方框不仅是5天波动，还是18天波动。结果就是横向比较，没有可比性。

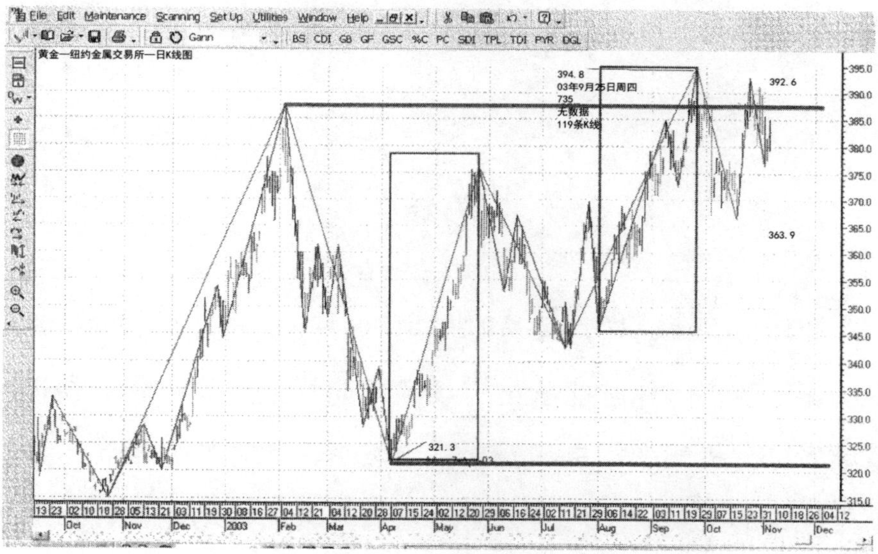

来源：市场分析者公司授权

图7.22　黄金2003年12月份，18天/5天

- 市场轮廓高级预警：这个方法没用。这个工具只适用于横盘振荡后的推动浪结构。我们并不知道市场是否接受新高，也不知道是否有推动浪。
- 低语数字：黄金是超卖的。考虑到技术图表不够明确，

> 如果情绪指标表明市场是严重超卖的，我还是要依靠指数做判断。

故，次要工具的辅助作用不大。我想说的是，关注市场，市场总有办法给你提供机会。

这次分析和前面两次分析完全不同。中心问题：市场是否会证明13周上冲的真假；在13周这个时间周期来看，上冲是明显的，但是在18天和5天这两个时间周期内，则无法确定上冲。

总结

和任何事业一样，交易时采用沉浸的原则是有用的。你研究的图表越多，你越能看出市场的不同特征，你吸收的知识也就越多，分析就变得更加轻松。当然了，优秀的分析者不一定就是优秀的交易者。但是，能感觉到市场的波动能够让你成为优秀的交易者，前提是你要持续一致地执行你的策略。

对我而言，成功的交易不仅仅是自律和坚守规则，成功的交易还包括：和市场同步，知道区别重要的信息和不重要的信息，设想各种可能的市场状况并看看是否有利于做交易，在交易不顺时出场，管理交易、管理风险、认识自己、了解市场的原理、了解世界规律。更重要的是无论输赢都能实现自己的梦想。

我希望你能通过交易实现自己的梦想。我们要做的事很多，胜利意味着要经历大量的挫折。但是，根据我的分析，你会认为这个过程是值得的。

赚钱的交易：管理交易和管理风险，一切都会好起来的。

附录 雷氏波动的画法

最小的时间周期内的波动都是“一段”时期内的波动。在同样的时间周期中，雷氏波动的画法和其他画法是不同的。

一个时期的波动

要想画一个时期内的波动，要从超级最低价或超级最高价开始。为了说明方便，假如说我们就是从一个最低价开始的。

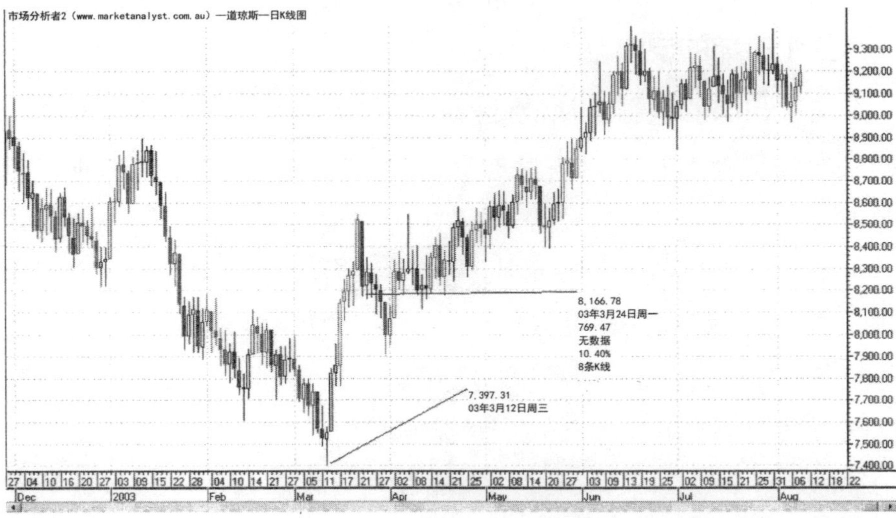

来源：市场分析者公司授权

图 A.1 道琼斯工业平均指数日线图

在图 A.1 中，假如说 3 月 12 日的最低价是波动的起点，从这个最低价开始画线，一直画到 3 月 21 日周五（译者注：图中并没有这条线）。3 月 24 日是周一，最低价低于前一天的最低价。相应地，我们从周五的最高价到周一的最低价向下画一条线并继续画下去，直到某天的最高价超过了前一天的最高价为止（译者注：图中并没有这条线。另外，根据图 A.1，这条线可以一直画下去，遇不到某天的最高价超过了前一天的最高价）。在那点，我们画一条向上的线——以此类推。

忽略在线内的交易日。

对于线外的交易日，暂停画线，看看第二天走势如何。如果第二天的价格超过了第一天的最高价，我们就向上画线；如果第二天的价格在第一天的最低价之下，我们就向下画线。

大于一个时期的波动

三个时期的波浪

使用相同的数据，从最低价开始向上画线，当价格超过最近三天（包括今天）的最高价加上最近一个时期波动的 10%时，就停止。

图 A.2 中的线是一个时期的波动。当市场突破过去三天（包括今天）的最高价 7739.4+60（前一个时期波动的 10%，就是 600.35 点）时，就从 3 月 12 日开始画向上的线。继续向上画，直到市场向下突破了最近三天的最低价加上最近一个时期波动的 10%时（译者注：根据下文的附加规则，这里可能应该是减号），停止画线。

反之则向下画线。

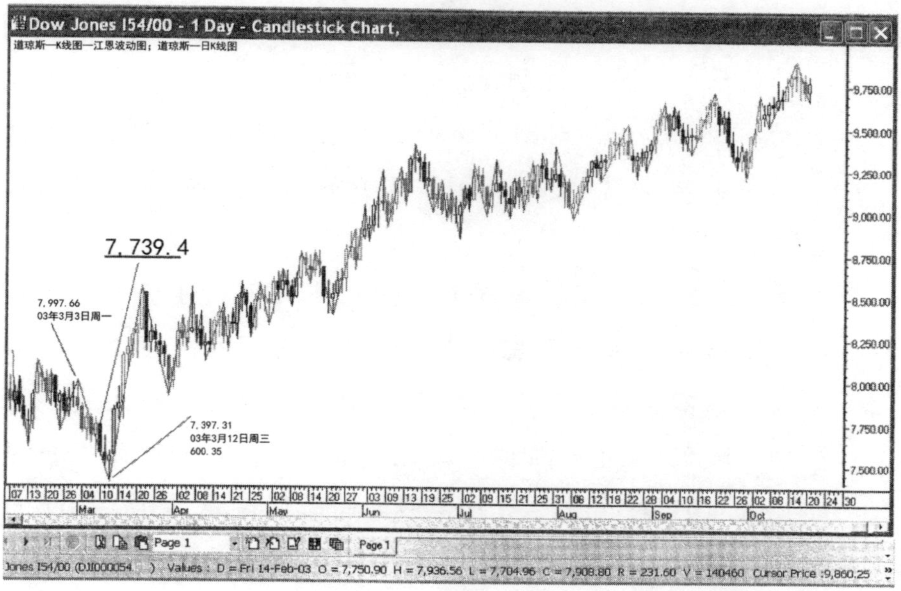

来源：市场分析者公司授权

图 A.2 道琼斯工业平均指数日线图

五个时期的波动

对于五个时期的波动，规则是一样的，不同是过滤器是最近的三个时期波动的10%，当市场超过了五个时期的极限价格+最近三个时期波动的10%时，我们就转向画线。

请注意，这意味着对于每个时间周期，无论市场的波动大小如何，我们都要先计算一个时期的波动大小。

附加规则

为了防止市场的波动不到过滤器的标准，我增加了两个规则。

- 波动（除了3天波动）代表了高时间周期内的一个时期的波动——举例说明，5天波动代表了一个时期的周波动。因此，任意时刻，当一个时期的周线转向时，5天线必定也转向（我在下面列出了不同时间周期之间的关系）。
- 对于下跌的波动，线转而向上的点可以往下移动，不能往上移动；在上涨波动中，线转而向下的点可以往上移动，但不能往下移动。举例说明，假如说线一直是向上的，我们想向下画线。我们看到过去5天的最低价是100，10%的过滤器是10，线转向的价格是（100-10）=90（译者注：这里的减号和上文的加号矛盾了，估计上文中应该是减号）。

第二天，市场跌到了97。换句话说，它跌到了最低价100之下，并没有到达最低价减去过滤器的价格90。问题是：线在什么价格转向？

因为这个规则，价格被固定在90；否则就是97-10=87。

时期的关系

日数据

5天=一个时期的1周

18天=一个时期的1个月

周数据

13周=一个时期的1个季度

月数据

12 个月 = 一个时期的 1 年

30 个月 = 一个时期的 2.5 年

60 个月 = 一个时期的 5 年

如何手工计算市场轮廓的价值区域

史泰米亚计算凸度的方法和别人的方法有点不同，从统计学的角度来说，凸度就是第一个标准偏差。

- 首先加总所有的 TPO（时间，价格，机会）。
- 计算“凸度”，也就是计算第一个标准偏差：
  - ☆ 总和乘以 0.70。
  - ☆ 最多 TPO（控制点）的数字叫基数，把基数减去上面的结果。再比较控制点上下的两个价格的 TPO 数字，把数字最大的 TPO 和基数相加。
  - ☆ 剩下来的数字减去总和。
  - ☆ 去掉加过 TPO 数字的价格。
  - ☆ 在剩下来的价格中，比较控制点上下的两个价格，重复这个过程。
  - ☆ 继续这个过程，直到 TPO 到达 0.68。
  - ☆ 计算第三个标准偏差，TPO 的总和乘以 0.70，重复这个过程，直到结果是 0.70。
  - ☆ 这样就算出了第一个标准偏差。
- 要想计算第三个标准偏差，TPO 的总和乘以 0.95，重复这个过程。

为价值图画 K 线

要想完全理解所有的理论基础知识，请阅读马克·黑尔韦格和戴维·司汤达的《低风险高收益动态交易指标》（山西人民出版社，2017 年 8 月出版）。以下内容引自这本书。

为价值图创造 K 线：

1. 创造浮动轴。

从前面 4 条 K 线开始计算，一共 5 条 K 线，算它们的平均价格，这样计算平均价格：（最高价+最低价）/2。计算出每条 K 线的平均值以后，我们就用 5 条 K 线的平均值来创造浮动轴。

2. 创造一条 K 线。

最高价减去浮动轴就是相对最高价……可以用同样的方法计算开盘价、最高价、最低价和收盘价的相对开盘价、最高价、最低价和收盘价。

3. 根据波动性调整价格。

（算出相对开盘价、相对最高价、相对最低价和相对收盘价后）用动力波动性单元来……动力波动性单元可以这样计算，计算头五天的每天振幅的平均值……计算了五天的平均值以后……（把这个值）乘以 0. 20……

……重复这个过程，以计算……每个新的交易日的波动性单元。

译后记

本书作者雷·巴罗斯先生是在华尔街有着20多年实战经历的资深专业交易员，在翻译本书过程中感受到以下特点：

一、本书没有实战案例。虽然这本书中有很多图片，但是读者却看不到“买入”和“卖出”等字样。本书作者并不想展示事后诸葛亮式的智慧，即使到了最后分析三个例子的时候，作者也没有说自己是如何交易的，他只是解释自己的分析过程。

二、本书涉及了很多理论，需要读者有一定的基础。本书中提到的市场轮廓理论、波浪理论、江恩理论、概率论、统计学……每一个理论都是一本书，如果读者没有阅读过相关书籍，那么理解本书内容则有点困难。比如市场轮廓理论，国内的相关书籍就很少，相关内容不好查找和理解。所以说，初级阶段的投资者在阅读本书时，会有一定的困难。

三、本书谈到了很高深的成功学知识。像身心语言程序学程序和冥思等方法，都是极度渴望成功的人非常关注的知识和方法。本书作者还购买了仪器以分析自己的情绪。译者知道其他外国投资者也有购买仪器分析自己的行为。对于刚进入投资界的投资者来说，这些都是一开始想不到的交易境界。同时，这些也说明了当一个投资者全身心地投入到投资界时，他要做的事很多，不仅仅是关注交易的过程，还要关注自己的心理和心态等。

综合以上，如果您是一位初级阶段的投资者，当您阅读本书的时候，如果有不了解的内容，请不要着急，您可以暂时休息一下，或者跳过看不懂的内容，过一段时间以后，等你的知识丰富了以后，你再来看这些内容，相信你此时会受益匪浅的。

本书作者对趋势做出了明确的定义。作者认为，要谈趋势，必须先定义好时间周期，英文是 time frame。只有先确定了时间周期，才能考虑市场在这个时间周期内的趋势方向如何。再具体地说，作者选择的时间周期就是一个月，只是作者把一个月理解成了 18 个交易日，和我们的 20 个交易日略有不同。也就是说，作者关心的是月线图中的趋势方向如何，并顺势而为。

为了准确地把握好月线图中的趋势方向，作者还要研究日线图、季线图和年线图中的趋势方向如何。作者希望通过研究这些时间周期内的趋势，以找到月线图中的趋势最有可能的走势。

我们可以看出，作者交易的就是月线图中的趋势，同时，他会参考其他时间周期内的趋势。为什么要这么做呢？

作者谈到了机械交易和主观交易的区别。因为作者认为优秀的主观交易者的利润会比优秀的机械交易者的利润多，所以作者采取的是主观交易法。正因为如此，为了提高自己的胜率，作者需要参考不同时间周期内的趋势。

本书作者还认为横盘振荡也是一种趋势，并用大量的篇幅分析了横盘振荡市场的特点。作者还讲解了每种趋势在整个市场中存在的时间百分比。这些知识都能帮助投资者把握好市场的特点和结构。

虽然本书作者并没有写案例分析，但是作者在书中还是把自己的交易系统勾画出来了。我相信，只要读者足够细心，一定能够根据本书提供的线索开发出属于自己的交易系统。

虽然本书作者强调了本书只分析策略，并不涉及资金管理和心理因素，但是作者还是用一定的篇幅解释了这两方面的实际运用方法。在资金管理方面，单笔交易的亏损不超过2%，连续亏损不超过10%，这些规则和其他著名交易者的规则都很接近，读者可以借鉴使用。在交易心理方面，作者提到了几个常见的心理倾向，读者可以看看其中是否有自己的影子。

本书的完成得到以下同仁的大力帮助，他们是：范纯海、张毅、吴春梅、李超杰、常红婧、郑星、田军、彭家伟、张苹、苏远秀、陈鼎、余锋、肖艳梅、朱杰、吴文莉、张毅。其中第一章由肖艳梅、朱杰、吴文莉、张毅翻译；第二章由张苹、苏远秀、陈鼎、余锋翻译；第三章由郑星、田军、彭家伟翻译；第四章由范纯海、张毅、吴春梅翻译；第五章由李超杰、常红婧、郑星翻译；第六章由彭家伟、张苹翻译；其余部分由康民翻译。全书由康民负责统校。由于译者水平有限，错误和疏漏之处在所难免，敬请读者批评指正。

市场择时新技术

作者：托马斯·德马克

高盛集团、花旗银行、摩根银行、纽约人寿特聘市场策略大师。

托马斯·德马克里程碑式经典著作。开启技术分析的崭新时代，被《Future（期货）》杂志誉为“完美的技术分析师”。

资金管理新论

作者：拉尔夫·温斯

拉尔夫·温斯，专业的计算机程序员出身，为基金、大型交易机构和职业操盘手编写了一系列交易分析程序。

本书致力优化资金账户表现，阐述“最优”概念，提供革命性投资组合管理模型。

如何建立高胜算交易系统

作者：安东尼·特龙戈内

安东尼·特龙戈内，美国纽约大学博士，注册金融规划师，商品交易顾问，交易决策软件 eSignal 的高阶教师。

自己掌控资金，自主进行交易决策，这样才能应对每个交易日的挑战，让自己离成功目标更近！